Les pigeons

Pierre Corcelle

Les pigeons

races - soins - élevage

Éditions RUSTICA

En couverture : Boulant Gantois.

Cet ouvrage, remis à jour et augmenté, a été réalisé à partir des *Pigeons de rapport et d'ornement,* du même auteur (livre publié par Rustica dans la collection la Vie en vert).

Dépôt légal : avril 1995
ISBN : 2-84038-002-1
N° d'éditeur : 48002

Sommaire

Avant-propos

Un pigeonnier vous apportera de nombreuses satisfactions, quelle que soit la destination que vous réservez à vos pigeons : consommation familiale, élevage de rapport, ornement ou vol. Dans un petit domaine, il pourra venir compléter la production d'un poulailler ou d'un clapier.

Bien entendu, le choix des races dépendra de l'élevage que vous envisagerez. Mais il ne suffit pas de sélectionner les pigeons les mieux adaptés à l'utilisation que l'on veut en faire. Encore faut-il apprendre à les élever convenablement.

Un logement correct pour les pigeons est la première condition d'un élevage réussi. La densité ne doit pas dépasser deux à trois sujets par mètre carré. Par ailleurs, le pigeonnier doit être bien aéré et bien éclairé. Les volatiles se sentiront à leur aise dans un logement spacieux et propre, avec des mangeoires bien conçues pour éviter le gaspillage, des abreuvoirs et des perchoirs adaptés, des pondoirs à double compartiment, etc.

■ *Page ci-contre : un pigeon Montauban.*

■ *Page précédente : un Mondain meunier.*

Dans cet ouvrage, vous apprendrez aussi à répondre aux besoins des pigeons : comment les nourrir, à quels signes reconnaître les maladies et comment les combattre, comment les aider à se reproduire, à grandir, à se développer, etc. Vous y trouverez les renseignements indispensables pour conduire votre élevage à destination : l'agrément, la production ou la consommation familiale. Car, reconnaissons-le, nombreux sont les amateurs de la chair de pigeon qui s'accommode de nombreuses façons : on trouvera une sélection des meilleures recettes en fin d'ouvrage.

Le pigeon et son histoire

Connaissez-vous les origines du pigeon ? Il fut l'un des premiers oiseaux domestiqués par l'homme. Intégré très tôt dans notre civilisation, nous le voyons d'abord en Égypte ou en Grèce. Ses exploits nous sont contés dans de nombreux textes anciens. Le pigeon voyageur devient un "pigeon soldat", utilisé au cours de la Première Guerre mondiale. Le pigeon de fantaisie est apprécié dans tous les pays d'Europe, depuis le Moyen Age. La chair du pigeon de rapport n'est-elle pas l'une des plus délicates ? Enfin, le pigeon permet aujourd'hui des études génétiques plus avancées, car le sens de l'orientation reste un domaine encore mystérieux.

Origines

Le pigeon a été l'un des premiers oiseaux domestiqués par l'homme. Les premières traces de son intégration à notre civilisation remontent à 3 000 ans avant Jésus-Christ et se situent en Mésopotamie. Astarté, déesse de l'Amour et de la Fécondité, se voyait alors dédier des pigeons sacrés. Les Égyptiens, dès la quatrième dynastie, environ 2 500 ans avant notre ère, l'appréciaient surtout pour ses qualités gustatives et les colombiers égyptiens sont restés célèbres par leur nombre et leurs dimensions.

La Grèce antique le consacrait à Aphrodite, puis les Romains à Vénus, mais tous l'appréciaient également sur leur table. Ce sont aussi les Romains qui l'ont associé à l'art militaire, s'en servant comme messager : Brutus a utilisé ce moyen de transmission au siège de Madère (40 avant Jésus-Christ).

Utilisations

On retrouve par la suite de nombreux documents relatifs à cette utilisation : les sultans de l'époque des Croisades, en particulier au siège de Saint-Jean-d'Acre et de Jérusalem, s'en sont servi d'une façon régulière et les Croisés l'ont ramené en Europe, à leur retour.

Les pigeons ont une mémoire des lieux étonnante : celle-ci est naturellement bien connue chez le Voyageur, mais on constate aussi qu'un pigeon enlevé d'un pigeonnier reconnaît parfaitement son nid plusieurs années après si on l'y ramène. Séparé de sa femelle, un mâle enfermé seul manifeste la plus vive satisfaction si on réunit les partenaires au bout de plusieurs mois.

On le voit réapparaître, à la fin du XVIe siècle, au siège de Haarlem en 1573, où Guillaume d'Orange envoya de nombreux messages ; tout comme le firent les Parisiens assiégés par Henri IV en 1590. Chaque armée organisée eut alors son colombier ambulant et comme la finance et la guerre ont le même nerf, les financiers de Londres étaient tenus au courant de la situation militaire lors de la bataille de Waterloo.

L'un des épisodes les plus connus remonte à la guerre de 1870 où, pendant le siège de Paris, près de 400 pigeons collaborèrent à la défense de la capitale en acheminant plus de 100 000 messages.

Lors de la Première Guerre mondiale, tous les belligérants se sont servis des pigeons voyageurs de façon intensive. A Bruxelles et à Lille, des monuments déciés au "Pigeon soldat" rappellent la contribution déterminante de nos amis ailés. Les Anglais ont envoyé à cette époque plus de 10 000 messagers et les Américains ont retenu les noms des plus célèbres : "Lord Adélaïde" à Saint-Mihiel, "Cher Ami" qui sauva un bataillon de la 77e division américaine encerclé à Verdun, "The Mocker" qui reçut la croix de guerre...

L'évolution des techniques de communication allait, par la suite, progressivement réduire le rôle des pigeons voyageurs. Cependant, ils furent encore très sérieusement entraînés pendant la Seconde Guerre mondiale et utilisés jusqu'en 1944, pendant la campagne d'Allemagne. Puis, en Asie du Sud-Est, la célèbre "Burma Queen" permit de sauver un détachement de soldats américains encerclé par les Japonais en Birmanie.

De nos jours, ce mode de transmission est remplacé par les ondes radio, mais la tradition est restée extrêmement vivace et, dans tous les pays, les colombophiles organisent, chaque saison, de nombreux concours suivis passionnément. Les "coulonneux" du nord de la France et de Belgique sont les plus connus en Europe. Ils élèvent avec tendresse leurs champions selon des "recettes" personnelles d'entraînement et d'alimentation, jalousement gardées.

A côté de cette utilisation spécialisée, toutes les civilisations ont domestiqué le pigeon, voilà bien des siècles. Les Chinois, dont on connaît l'extrême raffinement, appréciaient sa beauté dès 800 avant Jésus-Christ.

Les Grecs l'ont aussi chanté. Aristote, en 350 avant Jésus-Christ, décrivait déjà plusieurs races encore connues de nos jours. Les Romains, fins gastronomes, l'ont très vite inscrit à leur menu sans manquer d'étudier leurs mœurs particulières.

Les pigeons de fantaisie ont participé à toutes les cours royales au Moyen Age, dans tous les pays d'Europe. Si les privilèges seigneuriaux ont quelque peu limité l'extension de cette passion, leur disparition a vu au XIXe siècle un développement considérable de la colombiculture d'amateur. Elle atteint aujourd'hui toutes les couches sociales et réunit un grand nombre d'adeptes passionnés, comme en témoigne le succès des expositions régionales ou nationales.

Enfin, la chair du pigeon a de tous temps été considérée comme l'un des mets les plus délicats. Les empereurs Mandchous comptaient le pigeon au nombre des six oiseaux admis sur leur table. Aux États-Unis, l'élevage extensif du pigeon, dans des installations spécialisées, s'est largement développé depuis les années 1920. Des races de rapport, comme le King, ont été créées à cet effet. En Italie et en France, cette tendance est constatée depuis une vingtaine d'années et occupe en aviculture un créneau, certes modeste, mais dynamique.

Ajoutons que le pigeon constitue un sujet passionnant pour des études très avancées, en génétique par exemple, où couleurs et dessins du plumage offrent un champ d'action inépuisable. Son sens de l'orientation, encore assez mystérieux, est actuellement étudié par les neurophysiologistes. Dans l'état actuel des recherches, il semblerait que cette faculté serait due à la présence de cristaux de magnétite dans le cervelet du pigeon.

■ *Un oiseau étonnant, au regard magique, qui accompagne l'histoire de l'homme depuis près de 5000 ans.*

■ *Page suivante : un Frisé Hongrois.*

Le pigeon domestique et son évolution

Les races actuelles de pigeons domestiques dérivent d'une seule espèce : le pigeon de roche. Aujourd'hui, elles sont nombreuses et leur classification est devenue difficile. Celle que nous vous proposons tient compte des caractéristiques ou de l'utilisation générale de chaque race. Découvrez tour à tour : les pigeons caronculés, les pigeons décoratifs, les pigeons nains. Mais, peut-être, préférez-vous les pigeons de rapport, exploités pour la production de pigeonneaux de table ? Enfin, les performances surprenantes des pigeons de vol vous convaincront. A vous de choisir et de juger.

La souche originelle

La plupart des ornithologistes s'accordent pour faire dériver toutes les races actuelles de pigeons domestiques d'une seule espèce, le pigeon de roche ou *Columbia livia*. Cette opinion se fonde, avant tout, sur les résultats d'hybridations et sur des études immunologiques des groupes sanguins. Ce pigeon existe en Europe centrale, dans les régions montagneuses. Il a un plumage bleu avec deux barres sur chaque aile, et une queue frangée de noir. On retrouve des types presque identiques chez les pigeons bisets de colombier.

Les races actuelles ont été créées à partir de mutations intervenues dans la souche originelle. Ces mutations ont été remarquées puis fixées par l'homme au cours des siècles. Ce processus continue de nos jours et notons qu'un ornithologiste anglais ne décrit en 1676 que dix-sept races de pigeons alors qu'on en compte plus de 300 aujourd'hui.

De nombreuses classifications ont été proposées. Toutes sont artificielles et les limites entre catégories sont variables d'un auteur à l'autre. Celle que nous vous proposons tient compte, soit de caractéristiques particulières à un groupe de pigeons, soit de l'utilisation générale de telle ou telle race.

Les races actuelles

Les pigeons caronculés

Ils se caractérisent par une caroncule, sorte d'excroissance sur le bec et autour des yeux.

Les Bagadais. Ils sont de provenance syrienne, et probablement à l'origine des races de cette catégorie. Ils sont pourtant peu représentatifs car leur caroncule oculaire est peu développée. Les variétés les plus connues sont le Bagadais Français et le Bagadais de Nuremberg.

■ *Ci-contre : un Carrier noir, qui se distingue par son importante caroncule en forme de chou-fleur.*

■ *Page ci-contre : un Bagadais Français, dont la caroncule est moins développée que celle du Carrier.*

■ *Pages suivantes : un Dragon, à la caroncule marquée ; un Paon, reconnaissable à sa queue en éventail : le plus populaire des pigeons de fantaisie.*

Les Carriers. Ils ont conservé le port élancé du Bagadais, mais possèdent une caroncule très développée en chou-fleur sur le bec et autour des yeux. Ce sont des pigeons très charpentés qui pèsent plus de 600 g et mesurent près de 45 cm de long avec une poitrine assez développée.

Les Polonais. Beaucoup plus massifs, mais plus petits que les précédents, ils n'ont qu'une petite caroncule sur le bec, qui est très court et large. Mais la caroncule oculaire est très développée et forme des cercles rouges concentriques autour de l'œil, accentuant la forme carrée de la tête.

Les Dragons. Ce sont des pigeons anglais d'exposition, à l'allure massive

présentant une caroncule marquée, sur le bec et autour de l'œil.

Les pigeons décoratifs

Sont regroupés ici les races élevées pour la beauté ou l'originalité de leur plumage ou de leur forme. Ils se distinguent aussi, souvent, par une allure très particulière.

Les Paons. Très communs, ils constituent l'une des races de fantaisie les plus anciennes, probablement d'origine chinoise.
Ils se caractérisent par une allure très particulière (le corps est presque renversé en arrière et la poitrine saillante) et, surtout, par une queue largement déployée en éventail, avec un nombre de plumes très élevé, de 30 à 40 (la plupart des autres races n'en comptent que 12 à 14).
Ces pigeons existent dans toutes les couleurs et dessins de plumage. Ils sont en général de petite taille.

Les Capucins. D'origine indienne, ils portent un capuchon de plumes très développé qui entoure et masque la tête, empêchant toute vision latérale. On est d'ailleurs obligé de couper ces plumes pour la reproduction. Petits pigeons, certaines variétés ont les pattes emplumées.

Les Tambours. Un roucoulement rapide et saccadé leur donne leur nom. Surtout sélectionnés en Allemagne, ils ont les pattes fortement emplumées et une petite coquille de plumes sur la nuque et le bec. L'une des formes extrêmes est le Tambour de Boukharie, dont les ornements rendent la reproduction particulièrement difficile.

Les Hirondelles. Comme leur nom l'indique, ce sont des pigeons fins et racés, avec ou sans huppe, mais toujours à pattes emplumées. Les coloris de ces pigeons ont des nuances très délicates, en particulier des gris ourlés de noirs extrêmement élégants.

Les Frisés. Ils portent un plumage bouclé du plus bel effet. Leurs tons sont en général clairs, gris ou beiges. Le Frisé Hongrois est l'un des types les plus connus en France.

Les Boulants. Ils font partie de l'une des plus anciennes races de fantaisie. On la mentionne déjà au début du XVIIe siècle. Résultat de sélection d'une anomalie physiologique, le pigeon enfle son jabot d'une façon

■ *Ci-contre : un Capucin, qui doit son nom à la capuche qui entoure sa tête.*

■ *Page ci-contre : parmi les coloris des pigeons Paons, le blanc est le plus apprécié.*

■ *Pages suivantes : Capucin bicolore ; Boulant Lillois.*

■ *Ci-contre : un Frisé Hongrois aux plumes des ailes bouclées et aux pattes emplumées.*

presque démesurée. Bien que cette possibilité dépende de facteurs anatomiques, en particulier un diamètre supérieur de l'œsophage, il faut souvent entraîner les pigeons en leur soufflant dans le jabot pour qu'il atteigne les proportions imposées par le standard. Les mâles se gonflent plus facilement que les femelles.

Les Boulants actuels sont des pigeons en général très élancés. Les variétés les plus connues sont le Boulant Lillois, le Boulant Brünner, le Boulant Anglais, le Boulant de Saxe, de Silésie ou de Voorburg. Signalons deux formes espagnoles originales plus courtes sur pattes, le Boulant Marchenero et le Boulant de Valence qui tient le jabot baissé.

Le Gier religieux. Originaire de la vallée du Gier, située entre Lyon et Saint-Etienne, cette race ne compte plus qu'une dizaine d'éleveurs. Proche cousin du Gier, il doit son qualificatif à sa tête et à son croupion blancs, tandis que son plumage reste coloré. Ce pigeon de forme se rencontre encore dans quelques rares colombiers de la Loire, où il fut jadis considéré comme un simple pigeon fermier.

Le Lahore. Comme son nom l'indique, ce pigeon est d'origine asiatique (Lahore désigne une ville du Pakistan). Apparu en Europe à la fin du siècle dernier, il a vite conquis les amateurs par son dessin particulier, sa forte poitrine et ses pattes fortement emplumées. Très décoratif, le Lahore présente différentes variétés de couleur : noir, argenté, rouge, jaune ou bleu avec des barres noires. Plus rare mais d'une réelle beauté, la variété écaillée.

Le Roubaisien. Le standard, élaboré par la Société nationale de colombiculture, raconte que ce pigeon a été créé au début du siècle par un industriel de Roubaix. Passionné par les races d'ornement, ce colombiculteur a croisé des pigeons Pie et Bagadais pour obtenir cette race fine et longiligne. Sa queue courte, son plumage serré, son long cou, sa poitrine portée haut, soulignent la silhouette élancée.

■ *Page ci-contre : Boulant Gantois meunier, aux pattes emplumées bien particulières.*

■ *Pages suivantes : Gier religieux, qui doit son nom à ses origines (vallée du Gier). Roubaisien rouge : un croisement de Pie et de Bagadais. Tête Noire de Brive : vieille race qui sort aujourd'hui de l'oubli. Manotte d'Artois : race de terroir.*

Le Tête Noire de Brive. En 1991, *Rustica Hebdo* avait retrouvé l'un des derniers éleveurs de ce pigeon de forme, né dans la région de Brive. La légende lui attribue des origines asiatiques ; en tout cas, il était très populaire au début du siècle dans les fermes auvergnates. Reconnu en 1978, au Salon de l'aviculture de Paris, le Tête Noire de Brive connaît un engouement modeste qui doit beaucoup à son plumage maillé, à sa silhouette élégante et surtout à sa tête, à son cou d'un beau noir aux reflets brillants.

Le Manotte d'Artois. Ce pigeon de terroir, celui du nord de la France, doit beaucoup aux "bêteleux", nom donné localement aux amis des animaux. Oiseau noir et blanc, ce Manotte d'Artois puise l'origine de son nom dans les petites cases de bois, dont les éleveurs garnissaient autrefois l'intérieur de leur pigeonnier. Devenu rare, ce pigeon est l'une des curiosités du Salon annuel des animaux de Lille, organisé par Animavia.

Le Huppé Picard. Sans la volonté d'un éleveur, Daniel Delporte, actuel secrétaire général d'Animavia, ce pigeon du terroir nordiste aurait disparu. Depuis une dizaine d'années, il a recréé cette race à la forme plus allongée que celle du carneau, son cousin germain. On le rencontre dans les variétés rouge et jaune.

Les pigeons nains

Dans cette section sont regroupées les races de petit format. Le terme nain est ici considéré comme une réduction plutôt que comme un nanisme proprement dit.

■ *Ci-dessus, de gauche à droite : Bouclier de velours, Pie Anglais et Alouette de Cobourg.*

■ *Ci-contre : un Gazzi.*

■ *Page ci-contre : Huppé Picard, race proche du Carneau.*

Les Modènes. Ils sont caractérisés par une poitrine très développée, une démarche sur la pointe des pattes et une queue très courte. Les plus petits sont les Gazzis et les Schiettis que l'on trouve dans tous les coloris. Les Magnanis sont plus forts et mouchetés.

Les Florentins. Ils ont une livrée semblable à celle des Gazzis mais sont beaucoup plus hauts sur pattes. Ils dérivent du Pigeon Poule Livournais. Ils ont servi à la mise au point du Pigeon Hongrois, de port semblable, mais au plumage curieusement coloré, avec une bavette très étendue montant jusque sous le bec.

Les Pie. Sélectionnés en Allemagne, ils sont devenus des types extrêmement élégants avec une tête harmonieuse et très effilée et un plumage de couleur blanc et noir, d'où leur nom. On trouve des variétés regroupées sous le nom de Mortham.

Les Turbits. Ce sont des pigeons bouclés, au bec tellement court, qu'il ne permet pas un nourrissement correct des jeunes : ils doivent être confiés à des parents nourriciers. Ils possèdent une huppe en pointe et une crinière peu marquée.

Les Bouvreuils d'Archangel. Ils sont toujours très appréciés pour les nuances de leur plumage. Huppés ou non, on les trouve dans différents coloris toujours très délicats.

Les Cravatés. Ils possèdent un bec très court et une gorge bouclée du plus bel effet. Les pattes sont le plus souvent emplumées. On distingue dans cette catégorie les Satinettes, les Silverettes et les Blondinettes à côté des Cravatés proprement dits dont le plus curieux est peut-être le Cravaté Chinois.

Sait-on qu'il existe une race de pigeons à cou nu ? Originaire de Roumanie, elle dérive probablement d'une ancienne race russe appelée Golosenia. Il existerait également une race espagnole présentant cette caractéristique, le Coll Pelat, mais les spécimens sont extrêmement rares. Ce caractère serait génétiquement dominant et non lié au sexe.

Les Alouettes. D'origine allemande, ils comprennent deux variétés principales. L'Alouette de Cobourg, de format assez fort, a des coloris rappelant ceux du Bouvreuil dont elle dérive. L'Alouette de Nuremberg est plus petite avec la tête et la gorge jaunes.

Les Moines. Ce sont des pigeons nains allemands, caractérisés par une calotte blanche sur le dessus de la tête.

Les Coquillés. Ils possèdent une huppe large et pleine. Le Coquillé Hollandais en est le principal représentant.

Les Casqués. Ils ont une calotte colorée sur le dessus du crâne.

Les Étourneaux. D'origine germanique, ils ont un curieux plumage noir bigarré d'où ils tirent leur nom. Huppés ou non, ils sont toujours de petite taille.

■ *L'Alouette de Cobourg (ci-dessus), aux coloris subtils et au port élégant.*

■ *Ci-contre : Moine coquillé, caractérisé par sa calotte blanche.*

■ *Page ci-contre : les Schiettis sont des pigeons de type Modène ; ils sont reconnaissables à leur forme trappue et arrondie.*

■ *Pages suivantes : un Carneau rouge et un Carneau jaune.*

Les pigeons de rapport

Nous avons réuni sous cette démonination des races très différentes mais dont la taille ou les qualités de reproduction leur permettent éventuellement d'être exploitées pour produire des pigeonneaux de table.

Le Carneau. Ce pigeon est très connu et très répandu en France. Il est originaire des Flandres ou de Belgique. En Europe, tout au moins, il n'existe que deux couleurs, le rouge et le jaune. Une variété blanche a été créée aux États-Unis. Le Carneau est de format moyen, mais bien conformé et très prolifique.

Le Mondain. Il existe dans tous les coloris et dans tous les formats. Sa caractéristique essentielle est sa conformation. C'est un pigeon bien équilibré avec une poitrine très développée, parfaitement destiné aux utilisations gastronomiques. Sa prolificité est bonne dans les formats moyens, les types d'exposition, atteignant ou dépassant le kilogramme, sont beaucoup moins actifs. Un Mondain autosexable a été créé aux États-Unis ; il est très populaire sous le nom de Texan (autosexable signifie que la couleur des plumes, différente chez le mâle et la femelle,

permet, dans le type, d'identifier immédiatement le sexe du pigeon).

Le Cauchois. C'est un très joli pigeon écaillé. Il possède un port très particulier avec un corps long et racé. C'est avant tout un pigeon d'exposition, bien qu'on puisse l'exploiter en croisement pour augmenter le format d'autres races.

Le Strasser. Il se reconnaît facilement à son plastron blanc. Les ailes et la queue sont noires, rouges ou bleues. Très populaire en Europe, c'est une race prolifique de taille moyenne (son nom signifie autruche en allemand).

Le Sottobanca. C'est un gros pigeon bas sur pattes et huppé. On le trouve en plusieurs coloris. Le chamois et le blanc sont les plus répandus.

Le Maltais. Très haut sur pattes avec la queue relevée, il ne passe pas inaperçu. Relativement rare, il a cependant contribué à la création de plusieurs races synthétiques.

Le King. C'est un pigeon spécifiquement américain, créé par le croisement du Maltais et du Voyageur. Il en existe deux types très différents. Le King d'exposition est une véritable petite poule, avec la queue relevée et une poitrine très développée. Le King de production, qui peuple la plupart des élevages de rapport, est plus long, moins gros. Mais, c'est la race de rapport la plus prolifique. Une variété autosexable a été créée dans les années 50 et s'est répandue en Europe à partir de 1965, date à laquelle elle a été importée par l'auteur de cet ouvrage.

Le Homer. C'est un autre pigeon américain, dérivé du Voyageur. Il en a hérité un bec busqué et une poitrine très développée.

■ *Ci-contre : à gauche, un Strasser ; à droite, un Cauchois.*

■ *Page ci-contre : un Mondain, ici de couleur meunier. L'un des pigeons de rapport les plus répandus.*

■ *Pages suivantes : un Sottobanca jaune et un pigeon-poule Maltais ; un King blanc et un Homer.*

■ *Ci-contre : un Show Homer, au bec busqué bien caractéristique.*

Les américains sont actuellement les plus gros consommateurs de pigeons : ce sont eux qui ont commencé l'élevage extensif en vue de la production de pigeonneaux, vers le début du siècle. Près de 30 % des pigeons de chair sont commercialisés "désossés". Les Chinois et, d'une façon générale, tous les peuples d'Extrême-Orient, sont aussi très amateurs de la chair du pigeon. En Europe, les Français et les Italiens produisent traditionnellement des pigeonneaux de consommation depuis plusieurs siècles.

■ *A gauche : un Lynx de Pologne, race de rapport rustique et prolifique.*

■ *A droite : un Lahore, pigeon décoratif très apprécié pour ses coloris (ici, blanc et gris-lavande).*

■ *Page ci-contre : un Romain (de couleur fauve), le plus imposant des pigeons domestiques.*

Le Show Homer atteint des dimensions respectables mais les types plus petits sont exploités comme race de rapport. Il existe également une variété autosexable.

Le Lynx de Pologne. C'est un pigeon assez fort aux ailes joliment écaillées. Très rustique, il est répandu en France.

Le Romain. C'est le plus gros de toutes les races actuelles. C'est un pigeon très long qui peut atteindre 80 cm d'envergure. Sa production est très limitée en raison de ses dimensions.

■ *Ci-contre : un Montauban, bel exemple d'une race de rapport française.*

Le Montauban. C'est l'un des plus jolis pigeons français avec sa coquille de plumes bien fournie que prolonge derrière le cou une crinière.

Ce gros oiseau (entre 800 g et 1 kg), resté très populaire, est originaire du Sud-Ouest et en particulier de la région de Montauban. Nul doute que sa popularité doit beaucoup à son caractère familier mais aussi à l'abondance de son plumage qui existe en de nombreuses variétés, unicolores ou non.

Il existe de nombreuses autres variétés de pigeon d'agrément : races moyennes, tels le Gier, le Renaisien ; petites races, tels le Bouvreuil, le Souabe, l'Alouette ; races pattues, tels le Cigogne, le Lune ou le Nègre à crinière.

Le plus grand élevage de pigeons du monde est situé aux États-Unis : c'est le Palmetto Pigeon Plant situé à Sumter (Caroline du Sud). Il compte environ 15 000 couples adultes et se consacre uniquement à la production de pigeonneaux de consommation. On lui doit en particulier la découverte et la mise au point de la première race autosexable, le King autosexable. Son fondateur, W.-M. Levi, auteur d'un ouvrage remarquable sur les races de pigeons, est maintenant décédé.

■ *Ci-contre : un Texan mâle autosexable. Race de rapport par excellence, elle est très utilisée en élevage industriel.*

Les pigeons de vol

L'aptitude au vol a été remarquée et développée très tôt chez le pigeon. Les représentants les plus connus sont les Voyageurs, utilisés comme messagers. Les moyens modernes de communication ont relégué cette activité au plan purement sportif. Mais, en Europe, de très nombreux coulonneux l'entretiennent avec passion. Ils participent à des concours pour lesquels ils préparent leurs oiseaux avec des soins extrêmes et des recettes jalousement gardées.

■ *Page ci-contre : un Voyageur bleu barré, l'un des pigeons de vol le plus connu, employé aujourd'hui dans les compétitions sportives.*

Les performances enregistrées sont surprenantes, tant pour l'orientation que pour l'endurance : des vols de 1 000 à 1 500 km ne sont pas rares.

Il semble que les pigeons voyageurs soient dotés de facultés d'orientation exceptionnelles, faisant appel au magnétisme terrestre, aux positions relatives du soleil, le jour et des étoiles, la nuit. Ce phénomène très complexe fait l'objet de nombreuses études de spécialistes.

Les Culbutants. Certaines races, d'origine asiatique, présentent la curieuse faculté de culbuter en vol. Ce serait dû à certaines anomalies de l'oreille interne, centre de l'équilibre. Bien que cette particularité soit encore utilisée lors de compétitions, on a surtout créé des types d'exposition, souvent au détriment de leurs qualités d'origine. On trouve ainsi toutes les formes et tous les coloris, depuis les Culbutants à face longue, qui rappellent les pigeons Pie, jusqu'aux Culbutants à face courte, anglais et à tête disproportionnée.

Les races allemandes de Culbutants sont nombreuses et diverses. Citons pour mémoire le Culbutant de Hambourg, huppé et aux pattes emplumées, le Culbutant de Kœnigsberg à tête colorée, l'Altstammer et le Ringslager, les Culbutants de Hanovre ou de Vienne. La Hongrie s'est fait une place particulière dans cette spécialité avec le Culbutant de Vienne, celui de Komorn, de Prague ou de Budapest, le Szegedin, le Koros...

Les Rouleurs. Ce sont en fait des Culbutants. Leurs culbutes constituent des séries plus ou moins longues de sauts arrières très rapides. On note alors le nombre

maximal de culbutes effectuées sur une distance donnée. A titre indicatif, des séries de douze culbutes sur une distance de 4 mètres ne sont pas exceptionnelles. Il existe plusieurs types de Rouleurs, en particulier le Rouleur de Birmingham et le Rouleur Oriental.

Les Tipplers. Ce sont des Culbutants de vol, caractérisés par une très forte endurance au vol, mais toujours dans un périmètre qui les conserve en vue du colombier. On utilise des drapeaux pour les diriger et des oiseaux-cibles pour les ramener. Des durées de vol de 20 heures d'affilée ont été enregistrées. Cette catégorie a également donné naissance à des types d'exposition à coloris différents.

Les Hauts-Volants. Ils sont, à l'origine, caractérisés par leur aptitude au vol à haute altitude. On y retrouve le Haut-Volant Français, le Flight Américain, le Haut-Volant Russe ou Polonais. Mais cette spécialité a tendance à être abandonnée au profit des expositions, où les qualités de vol de ces pigeons ne peuvent être mises en évidence.

■ *Ci-dessus : certains pigeons (ici des Kings) peuvent être élevés en liberté.*

■ *Page ci-contre : deux races de Hauts-Volants (à gauche, Vanneau ; à droite, Cigogne).*

Le pigeon et sa vie

Le pigeon n'est-il pas célèbre avant tout pour sa grande aptitude au vol à laquelle le prépare une anatomie bien particulière.
Les plumes ont une importance considérable. Grâce à leur texture et à leur disposition, elles permettent de propulser le corps de l'oiseau.
Découvrez aussi tous les éléments pour mieux comprendre : l'appareil respiratoire, l'appareil digestif, l'appareil reproducteur.
En outre, la fidélité du pigeon n'est pas une simple légende.
L'union du couple se prolonge jusqu'à la mort. Enfin, ce chapitre s'attache aussi à la description de la couvaison, de l'éclosion et au nourrissement des jeunes.

Anatomie et particularités

Les pigeons possèdent une grande aptitude au vol, même si celui-ci est devenu symbolique chez les races très lourdes. Le vol est dû à l'effet de voile produit par les plumes des ailes et particulièrement les rémiges. Leur texture et leur disposition offrent une résistance suffisante à l'air pour soulever et propulser le corps.

Une plume est composée d'un axe central, le rachis implanté dans un follicule de la peau et pouvant être orienté par de petits muscles. Sur ce rachis et de chaque côté, sont disposées en épis les barbes parallèles, reliées entre elles par des barbules.

La résistance de ce tissu est assurée par les barbicelles, sortes de crochets assurant à la fois la rigidité et la souplesse du système.

Les plumes. Elles ont des dimensions et des fonctions différentes suivant leur place. Petites et très souples, les tectrices constituent le revêtement qui isole le corps et constitue une excellente protection thermique. Plus fortes et plates, comme un gouvernail, les douze à quatorze rectrices, implantées sur le croupion, assurent la stabilité du vol. Enfin, très résistantes et se recouvrant partiellement, les rémiges des ailes permettent l'envol et la propulsion. Les plumes apparaissent, chez le pigeonneau, vers douze jours et remplacent un duvet plus ou moins long qui le recouvrait depuis l'éclosion. Elles portent les granules pigments dont le type et la répartition donne les couleurs du plumage.

L'appareil respiratoire. En plus des classiques poumons assurant la respiration et les échanges gazeux du sang, il présente neuf sacs

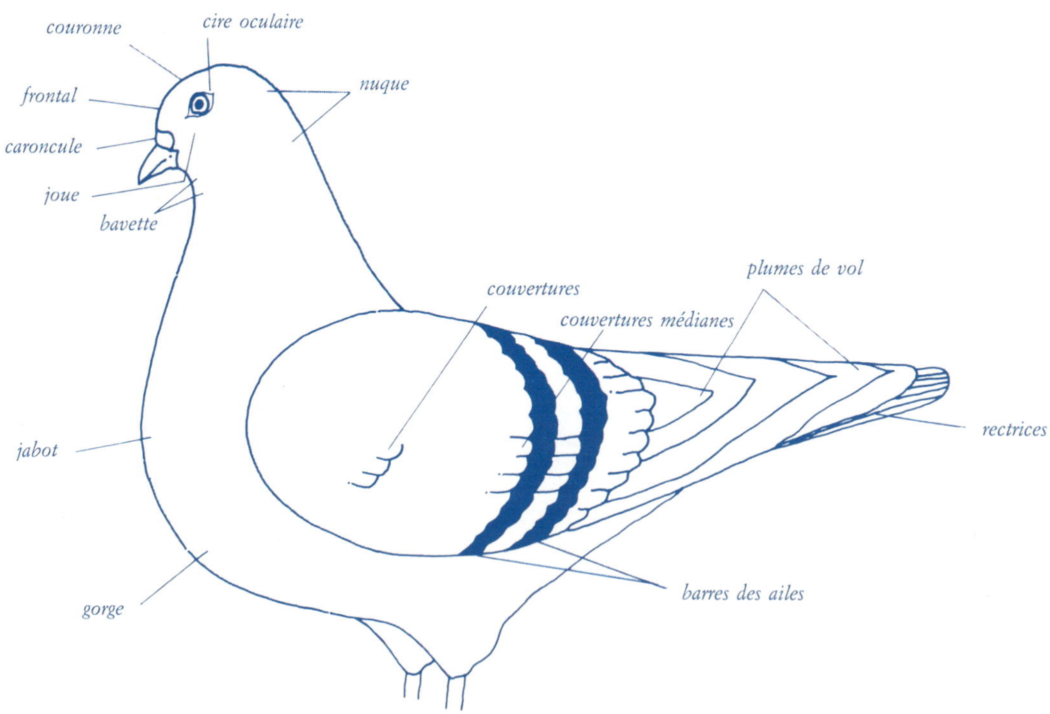

1. *Jabot*
2. *Gésier*
3. *Intestin*
4. *Reins*
5. *Pancréas*
6. *Cloaque*

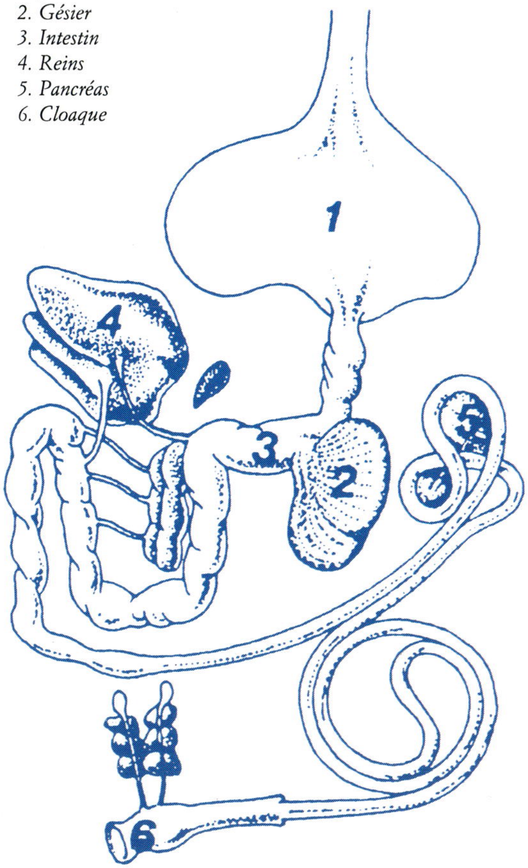

■ *Les organes du pigeon.*

aériens, sortes de poches membraneuses, servant, entre autres, à alléger le corps : la complexité de ce système explique l'importance des affections respiratoires.

L'appareil digestif. Il présente également plusieurs particularités. Le jabot est l'organe de réserve où les pigeons accumulent les grains ingérés, mais aussi l'organe de sécrétion. Le gésier, qui lui fait suite, pourvu de muscles puissants, sert à écraser les graines grâce aux petits cailloux qui doivent être fournis aux pigeons en permanence. Ils remplacent ainsi les dents, absentes chez les oiseaux. Le foie, aux multiples fonctions, est avant tout un filtre sanguin et sécrète aussi la bile. Mais, caractéristique particulière aux colombidés, il ne comporte pas de vésicule biliaire ou fiel. L'intestin se termine par une sorte de carrefour : le cloaque, où débouchent également les voies génitales et urinaires. Ceci est extrêmement important sur le plan sanitaire.

L'appareil reproducteur. Il comprend, chez le mâle, les testicules internes situés dans la cavité abdominale, le long de la colonne vertébrale, et un seul ovaire chez la femelle, avec son exutoire, l'oviducte. C'est un long conduit qu'emprunte l'ovule pour s'entourer successivement de l'albumen, le blanc, puis de la coquille, avant de devenir l'œuf pondu en traversant le cloaque. Aucun organe sexuel n'étant externe, la détermination du sexe est très difficile chez le pigeon.

Le plumage des pigeons. Il se caractérise par une très grande diversité des couleurs et des dessins. Ces dessins et ces couleurs se transmettent aux descendants suivant des lois bien connues des spécialistes dont l'ensemble constitue l'un des chapitres de la génétique. Connaître les grandes lignes de ce code permet de comprendre et d'utiliser les différentes combinaisons déterminant les races et les variétés de pigeons pour les sélectionner.

Les couleurs. Il existe chez les pigeons trois couleurs de base. Elles entrent dans la composition de toutes les teintes observées : le noir, le brun et le rouge. On les appelle

Un certain nombre de légendes sont extrêmement vivaces dans le monde colombophile quant à la manière de déterminer le sexe des pigeonneaux : la position tête-bêche dans le nid, les réactions quand on tire sur la queue... En fait, il n'existe aucun moyen certain avant la maturité sexuelle qui ne se produit jamais avant 4 mois et souvent 5 ou 6. On peut alors, en examinant l'aspect interne du cloaque, arriver à une quasi certitude.

Un caractère somatique peut avoir, chez le pigeon, une hérédité liée au sexe. Ainsi, un Carneau jaune apparié à une pigeonne Carneau rouge donne des femelles jaunes et des mâles rouges. Ainsi les femelles sont de la couleur du père, les mâles de la couleur de la mère.

■ *Ci-contre : la pigmentation de l'œil est caractéristique de la race.*

couleurs pleines ou intenses. Le bleu est une teinte particulière, due au même pigment que le noir, mais avec une répartition différente des granules pigmentaires sur les plumes.

A chacune de ces couleurs de base correspond une couleur diluée, causée par une diminution de la concentration des granules de pigments sur les plumes. Cette dilution est provoquée par un facteur héréditaire porté par les chromosomes sexuels. Elle aboutit aux combinaisons suivantes :

Couleur intense	*Couleur diluée*	*Absence de pigment*
Noir	Brun noir	Blanc
Bleu	Argenté	
Brun	Beige ou kaki	
Rouge	Jaune	

Les pigeons blancs ne possèdent aucun pigment sur leurs plumes.

Les dessins du plumage sont déterminés par des caractères héréditaires différents de ceux gouvernant les couleurs : l'aspect du plumage résulte de la superposition des couleurs et des dessins. On distingue ainsi et quelle que soit la teinte :

- l'écaillé foncé,
- l'écaillé simple,
- le type barré,
- le non barré.

Il existe une hiérarchie génétique, ou dominance, dans cette série. Chaque terme masque le terme suivant. Ainsi un pigeon barré croisé avec un non barré ne donnera que des descendants barrés. Cette notion de dominance est primordiale dans l'expression des couleurs. La connaissance de la transmission des colorations est indispensable pour tout sélectionneur.

■ *Page ci-contre : le maillage, dessin figurant sur le bouclier des ailes, est ici caractéristique du Cauchois.*

L'œil des pigeons peut prendre différentes couleurs et, de la plus intense à la plus faible, on distingue :

- l'œil orange ou "œil de coq",
- l'œil "perle",
- l'œil "prune" ou "œil de vesce".

Un certain nombre de caractères morphologiques sont sous l'influence de

Le pigeon ramier **(Colombus palumbus)**, *largement répandu en Europe, appartient à une famille différente des pigeons domestiques mais peut se croiser avec eux ; il faut, pour cela, prendre un mâle domestique et une femelle ramier. La descendance est en général stérile mais on a cependant obtenu des sujets mâles fertiles en les recroisant avec des pigeons domestiques.*

caractères génétiques connus et répertoriés. Citons la huppe, les pattes emplumées, la couleur de la peau, l'autosexabilité par la couleur, la présence de doigts supplémentaires, les pattes palmées...

■ *Le Lahore noir présente un contraste des coloris très marqué.*

Les caractères physiologiques tels que le format du corps, l'aptitude à la ponte, l'agressivité sont également sous l'influence des gènes ou unités d'hérédité. Mais leur nombre est grand et leur nature mal connue. Toute tentative pour modifier la répartition de ces gènes, selon des lois physiologiques bien déterminées, s'appelle la sélection. On peut ainsi à volonté modifier telle ou telle race. Cette évolution est à la base de tous les types nouveaux.

Physiologie et originalités

La physiologie intéresse le fonctionnement de tous les organes du pigeon. Certaines particularités sont à connaître puisqu'elles conditionnent les différentes étapes de la vie de nos pigeons. Citons les principales.

La mue

Elle se traduit par le remplacement périodique des plumes. Elle est sous la dépendance de facteurs hormonaux, eux-mêmes influencés par des facteurs physiques (la longueur du jour en particulier). Sous nos latitudes, elle se produit en automne, de juillet-août à octobre. La chute des plumes existantes est provoquée par la croissance de sicots qui, sous la peau, chassent les rachis des plumes en place. Cette mue implique naturellement une grande dépense d'énergie. Ainsi, à cette période, le pigeon diminue sa ponte et devient plus sensible aux maladies. Il doit être particulièrement nourri et soigné.

Une autre forme de mue intervient chez les jeunes qui, vers deux ou trois mois, perdent leurs plumes d'adolescents pour revêtir leur plumage d'adulte. C'est, pour les mêmes raisons, une période délicate et chacun connaît la sensibilité des jeunes au sevrage.

La vie sexuelle et ses anomalies

Au contraire de nombreux oiseaux de basse-cour, le pigeon vit en couple. Les partenaires se choisissent et se restent fidèles pendant leur vie entière.

Cette monogamie est en fait souvent théorique. Le comportement sexuel du couple de pigeons commence par la parade sexuelle : vers cinq ou six mois, l'activité des mâles commence à se manifester par des

■ *Apparition des premières plumes sur un pigeonneau (ici, un Bagadais Français).*

roucoulements et des sortes de danses autour des femelles, ponctuées de sauts et de saluts.

Quand deux partenaires se sont choisis (et l'on ignore en fonction de quels critères), ils s'isolent en général. Commence alors une période d'intimité avec bécotements qui dure quelques jours. Le mâle choisit l'emplacement du nid et apporte à la femelle des matériaux pour l'édifier. Quand il est prêt, on assiste à un curieux manège appelé "chasse au nid". Le mâle poursuit inlassablement sa femelle en ponctuant cette course de coups de bec sur la tête pour la ramener au nid choisi. Il perd alors toute prudence et l'on peut ainsi attraper facilement les sujets les plus farouches. Cette

On peut provoquer artificiellement ou activer la mue des pigeons. Il faut alors les priver totalement de nourriture pendant 2 ou 3 jours et ne leur donner que de l'eau, en les maintenant dans une obscurité presque complète ; ils se déplument très rapidement en quelques jours. On leur redonne alors progressivement de la lumière et une nourriture équilibrée en lui ajoutant vitamines et oligo-éléments pour permettre la repousse des plumes.

■ *Chez les pigeons, l'accouplement (ou cochage) est toujours précédé d'une parade amoureuse. On voit ici un couple de Boulants Gantois.*

poursuite cesse dès que la femelle est revenue au nid, mais recommence dès qu'elle s'en écarte. Ce manège précède la ponte de quelques jours seulement.

Intervient alors le cochage, par lequel le mâle féconde l'œuf encore à l'état d'ovule dans l'oviducte. Le mâle monte sur la femelle et applique son cloaque contre celui de sa partenaire en se laissant basculer en arrière. Les spermatozoïdes remontent alors les voies génitales de la femelle et la fécondation s'effectue.

Voici la règle générale, mais on relève très souvent des déviations. Il n'est pas rare d'assister à un comportement homosexuel, entre femelles le plus souvent, faute de mâles disponibles. Entre mâles aussi mais accidentellement et ''comme pour s'amuser''. On trouve parfois des ''ménages à trois'' où un mâle installe deux femelles côte à côte et remplit parfaitement ses devoirs d'''époux'' bigame en nourrissant les jeunes des deux couvées qui sont toujours simultanées.

Les changements de partenaires, contrairement à la fable, sont relativement fréquents. Mais ils proviennent presque toujours d'une indisponibilité du conjoint, pour cause de fatigue et de maladie. Les couples fidèles constituent l'essentiel des pigeonniers : j'ai vu des mâles ou des femelles privés de leur conjoint mort de maladie se laisser mourir de chagrin en quelques jours.

La fidélité proverbiale du pigeon est souvent très symbolique et ne tient que tant que le conjoint est disponible. Les mâles vont souvent courtiser les femelles des voisins et il est fréquent de constater des échanges de partenaires. Les accouplements sont d'autant plus solides que les conjoints se seront librement choisis et qu'ils auront élevé une ou deux couvées ensemble.

La ponte et l'incubation

Elles constituent les éléments essentiels de la vie du couple. Les deux œufs (jamais trois) sont pondus en général l'après-midi à deux ou trois jours d'intervalle. L'œuf, d'un poids de 15 à 25 g suivant les races, peut avoir des formes très variables mais strictement identiques pour une même femelle.
Les œufs doubles (à deux jaunes) ne sont pas rares et peuvent atteindre des dimensions exceptionnelles, depuis le ''raté d'ovulation'', tout petit œuf sans jaune de 5 à 8 g, jusqu'à l'œuf monumental de 60 à 80 g qui n'éclôt jamais.

La coquille. Elle représente 10 % du poids de l'œuf. Elle est toujours rose clair et lisse pour un œuf normal. Poreuse et d'un blanc crayeux, elle est fragile et indique souvent un état sanitaire déficient. Le jaune, qui représente 18 % du poids total, est maintenu en position centrale par les chalazes, sortes d'amortisseurs, et l'albumen (72 %) entoure le jaune.

Il arrive parfois que les pigeons, surtout en période de mue, pondent des œufs à coquille très fragile se cassant au moindre choc. Le remède consiste alors à mêler à l'eau de boisson du bicarbonate de soude à raison de 5 grammes par litre pendant 4 à 5 jours. On peut aussi récupérer les œufs fêlés en coulant sur la fracture quelques gouttes de bougie ; suivra une éclosion normale.

■ *Ci-contre : coupe d'un œuf au 17e jour d'incubation.*

■ *Ci-contre : au moment de l'éclosion, le poussin "bêche" la coquille de l'œuf pour s'en dégager.*

■ *Page ci-contre : attitude significative d'une couveuse sur son nid.*

La couvaison. L'incubation commence en général le lendemain de la ponte du deuxième œuf. La couvaison est assurée par les deux conjoints. Pendant une journée, le mâle occupe la place entre 12 et 17 heures et la femelle le reste du temps... Parfois, la femelle commence à couver dès la ponte du premier œuf. Cela conduit à des éclosions décalées et à des jeunes de tailles très différentes. L'embryon se développe rapidement, dès que la température interne de l'œuf atteint 37 °C, la tête est ébauchée dès le troisième jour. A quatre jours, le cœur commence à battre.

L'incubation dure 18 jours en moyenne, avec des variations de 24 heures, suivant la température ambiante. A la fin de cette période, l'embryon doit, pour pouvoir éclore, occuper une position particulière, la tête sous l'aile droite repliée. Toute autre position ne permet pas une éclosion normale.

L'éclosion. Elle commence par le bêchage de la coquille : une excroissance dure sur le bec du pigeonneau découpe un sillon circulaire et la coquille se partage en deux, libérant le pigeonneau. Le jaune de l'œuf, non encore complètement résorbé, persiste deux ou trois jours dans la cavité abdominale du jeune. Il est possible de faciliter l'éclosion d'un pigeonneau en difficulté mais on prendra garde d'éviter tout saignement, toujours fatal. On compte en moyenne 75 à 80 % de pigeonneaux

Si une femelle ne se décide pas à pondre et fait mine de couver sans arrêt, il existe un moyen pour déclencher l'ovulation : donnez-lui à couver un autre œuf. Dans 60 à 70 % des cas, la ponte suivante est normale. De même, si les œufs sont clairs (c'est-à-dire non fécondés), il faut enlever, en les coupant, les plumes entourant l'anus qui empêchent parfois un accouplement normal ; de nombreux couples réputés stériles redeviennent prolifiques du même coup.

éclos et viables par rapport aux œufs pondus. Le déchet est représenté par les œufs clairs (non fécondés), 5 à 12 %, les embryons morts dans la coquille et les jeunes morts à l'éclosion ou juste après.

Le nourrissement des jeunes

Les colombidés ont une particularité fondamentale dans le monde des oiseaux : ils nourrissent leurs petits pendant les dix premiers jours de leur vie avec un lait sécrété par la muqueuse de leur jabot et régurgité aux pigeonneaux dès leur naissance. Cette sécrétion lactée dépend d'un cycle hormonal qui, dans les derniers jours de l'incubation, provoque l'épaississement de la muqueuse du jabot des deux parents.

En général, le pigeonneau dresse la tête et cherche d'instinct le bec de ses parents. Mais, au besoin, ceux-ci provoquent ce geste en venant solliciter leurs petits. Ceux-ci introduisent alors leur bec dans celui du mâle ou de la femelle, suivant l'heure de couvaison, et avalent les grumeaux de lait ramenés dans la gorge par des efforts de régurgitation. On les voit parfaitement en observant les nids. Les parents peuvent, à ce stade, séparer dans leur propre jabot le lait des grains qui y séjournent. Ces graines ne sont jamais régurgitées avant 7 ou 8 jours, sauf si la sécrétion lactée est insuffisante. Dans ce cas, les pigeonneaux reçoivent un mélange d'eau et de grains dès les premiers jours, alors qu'ils ne peuvent pas encore digérer ceux-ci. Pour cette raison, ils meurent le plus souvent de faim.

Dans ce cas, le jabot des jeunes prend une teinte grisâtre au lieu de la coloration jaune beurre-du-lait vu par transparence.

Ce lait de jabot a une composition très voisine du lait de lapine. Il contient 15 à 18 % de protéines et 10 à 13 % de matières grasses dans les premiers jours après l'éclosion. Au fur et à mesure que la quantité augmente, la composition se modifie. On ne possède pas de données chiffrées sur cette évolution. On remarque la présence de petits grains (blé, sorgho) à partir de 8 à 10 jours et à 13 ou 14 jours, les grains mélangés d'eau représentant la totalité de la nourriture régurgitée. Les sucs digestifs sécrétés par le pigeonneau en permettent alors la digestion normale.

Toute variation anormale de cette sécrétion lactée se répercute immédiatement sur le développement des pigeonneaux. Les parasitoses internes, affaiblissant les parents, sont la cause la plus fréquente des insuffisances quantitatives du lait. Mieux vaut, à ce moment, transférer les jeunes sous un autre couple nourricier en bon état, s'il possède lui-même des petits du même âge ou plus jeunes de un ou deux jours. Tous les couples adoptent parfaitement un pigeonneau supplémentaire pendant les dix à douze premiers jours. Mais ne dépassez pas trois jeunes par nid sinon ils seront trop peu nourris.

Ce nourrissement au nid dure jusqu'à quatre semaines. A ce moment-là, les jeunes sont aptes à quitter le nid et commencent à voleter. Ils descendent d'eux-mêmes vers 28 à 30 jours, parfois plus tôt s'ils sont mal nourris.

Il arrive fréquemment que les pigeonneaux sortant du nid soient poursuivis et "piqués" par les adultes jusqu'à être complètement scalpés. Pour éviter cela, une bonne astuce consiste à disposer contre les parois des planches de 20 cm de large posées sur deux briques de 12 cm de haut : les jeunes poursuivis se réfugient sous cet abri, trop exigu pour que les adultes les y poursuivent. On peut aussi ménager ce type de refuge sous les pondoirs.

■ *La croissance du pigeonneau est assez rapide. Il est apte à quitter le nid à 4 semaines environ. Auparavant, il est nourri par les parents.*

Pour les couples normaux, en pleine période de production, la ponte suivante intervient quand les jeunes ont 10 à 15 jours, de toute manière jamais avant que la sécrétion lactée ne soit tarie.

■ *Page ci-contre : un Gazzi de Modène.*

La croissance du pigeonneau

Grâce à la richesse du lait parental, la croissance des jeunes est extrêmement rapide. Pour un poids à la naissance de l'ordre de 15 g, pour les races moyennes, on enregistre un poids de 100 à 120 g à une semaine, 250 à 300 g à deux semaines, 400 à 500 g à trois semaines et 500 g à quatre semaines. La descente du nid conduit alors à un amaigrissement très rapide (de 50 à 70 g en deux ou trois jours) à la suite de l'exercice pris par le pigeonneau et de la diminution de la fréquence et de l'abondance de la nourriture. Le pigeonneau apprend par imitation à manger seul. Il est, au début, assez maladroit et, à moins que ses parents ne continuent à le nourrir au sol, ce qui est fréquent, il lui faut souvent une à deux semaines pour s'habituer à ce nouveau régime et récupérer son poids. Cette période de sevrage est toujours très délicate sur le plan sanitaire et tout pigeonneau sous-alimenté est une proie facile pour les parasites et les microbes.

■ *C'est par imitation des adultes que le pigeonneau apprend à s'alimenter de lui-même.*

A la naissance, les jeunes sont recouverts d'un duvet plus ou moins long suivant la race ou le sexe. Ce duvet commence à tomber vers 10 jours et il est remplacé vers 12 jours par les sicots, ébauches de plumes qui se dégagent de leur tuyau à partir de 15 jours. Les jeunes s'emplument alors complètement en deux semaines et, à 28 jours, le dessous de l'aile est complètement garni. Ces premières plumes vont persister deux mois environ. Elles ont souvent des teintes différentes de celles qui les remplaceront au cours de la première mue ; elles sont, en général, plus foncées.

Les pigeonneaux conservés après le sevrage commencent à voler normalement vers 40 à 50 jours. Ils acquièrent très vite un comportement d'adolescents. Ils perdent leur piaillement ou "cri du nid" vers 7 à 8 semaines et commencent à roucouler vers deux mois et demi. Séparez-les des adultes de crainte qu'ils ne s'introduisent dans les nids et ne déclenchent des batailles en provoquant des casses d'œufs ou des écrasements de tout jeunes, très fragiles pendant les premiers jours.

La maturité sexuelle est plus ou moins rapide suivant la race et la saison. Les races lourdes sont en général moins précoces que les légères, et les jours de longueur croissante déclenchent plus tôt les premières manifestations de cette maturité.

Les femelles sont plus précoces que les mâles, d'environ deux semaines, et les premiers accouplements interviennent entre 4 et 6 mois, parfois beaucoup plus tard, exceptionnellement plus tôt.

Le pigeon et son logement

Vous pouvez trouver des types de colombier extrêmement variés, de la simple caissette à l'installation luxueuse. Mais certains principes sanitaires doivent être toujours respectés : la densité, l'aération, l'éclairement.

Préparez bien l'emplacement et les matériaux entrant dans l'aménagement de la volière. Enfin, parmi les accessoires indispensables, choisissez avec soin : les mangeoires, les pondoirs, les perchoirs.

L'éleveur de pigeons aime à avoir ses pensionnaires proches. Selon le mode d'élevage envisagé (plaisir ou profit), on trouve des types de colombiers extrêmement variés, depuis la simple caissette pendue aux poutres des étables jusqu'aux installations luxueuses des amateurs.

Le pigeon aime vivre en colonies d'importance variable. Les problèmes sociaux n'ont pas fait l'objet d'études approfondies. Il en est des sociétés de pigeons comme des autres, on y retrouve des comportements individuels particuliers, et la vie des couples dans ces sociétés rappelle étrangement celle des humains. Faut-il y voir une raison de la passion des éleveurs ?

Les principes généraux

En premier lieu, il est essentiel de définir quelques règles générales. L'ignorance conduit tôt ou tard à des problèmes, sanitaires pour la plupart.

La densité

C'est l'un des facteurs primordiaux de la réussite : toute concentration d'animaux développe une ambiance parasitaire et microbienne en relation directe avec la densité. Plus celle-ci augmente, plus grands sont les risques. Il existe toujours un seuil au-delà duquel la situation bascule, souvent de façon catastrophique.

■ *Vue d'un pigeonnier équipé de trappes d'entrée.*

■ *Ci-contre : pigeonnier équipé de panneaux grillagés qui favorisent l'éclairement et l'aération.*

■ *Ci-dessous : construction d'amateur répondant aux critères d'un bon élevage (espace, éclairement, aération, etc.).*

Quelque soit le confort du pigeonnier et la perfection des installations, ce seuil se situe aux environs de cinq pigeons adultes par mètre carré de pigeonnier. A partir de cette limite supérieure, plus on diminue la densité, plus on réduit les problèmes sociaux et sanitaires. Dans votre colombier d'amateur, adoptez avec profit la densité de trois pigeons au mètre carré. L'élevage en semi-liberté, où les pigeons disposent d'un local pour se nourrir et couver, ne dispense pas de cette règle.

L'aération

Le pigeonnier doit être suffisamment aéré par de vastes ouvertures permettant un renouvellement permanent de l'air. Cette ventilation sera réduite l'hiver pour limiter les risques de gel, mais jamais supprimée totalement. L'isolation thermique des parois et du plafond évite les trop grands écarts de température.

L'idéal est d'avoir un local double : un parquet de ponte et de couvaison, où les pigeons trouvent le confort et l'alimentation abritée, et une volière plus ou moins vaste, où ils peuvent profiter du soleil et de la pluie, pour leur plaisir et celui de leur propriétaire.

L'éclairement

Il est trop souvent négligé. Si le pigeon aime pondre dans des coins obscurs qu'il trouve dans les pondoirs, il ne faut pas oublier que la lumière stimule la ponte et que les rayons ultraviolets sont d'excellents bactéricides.

Des fenêtres vastes et transparentes — verre ou polyane — aideront à maintenir cette luminosité. Dans un local trop obscur, prévoyez un éclairage électrique de complément, par exemple une ampoule de 60 watts pour 10 à 15 m², mise en service le matin de préférence, de façon à atteindre 12 à 13 heures d'éclairement au total, jour naturel compris. Il existe des interrupteurs horaires très pratiques que vous pouvez programmer en fonction de la longueur du jour.

Le matériel

Le pigeonnier

Il existe une infinité de types de pigeonniers. Voici un bâtiment type (schéma)

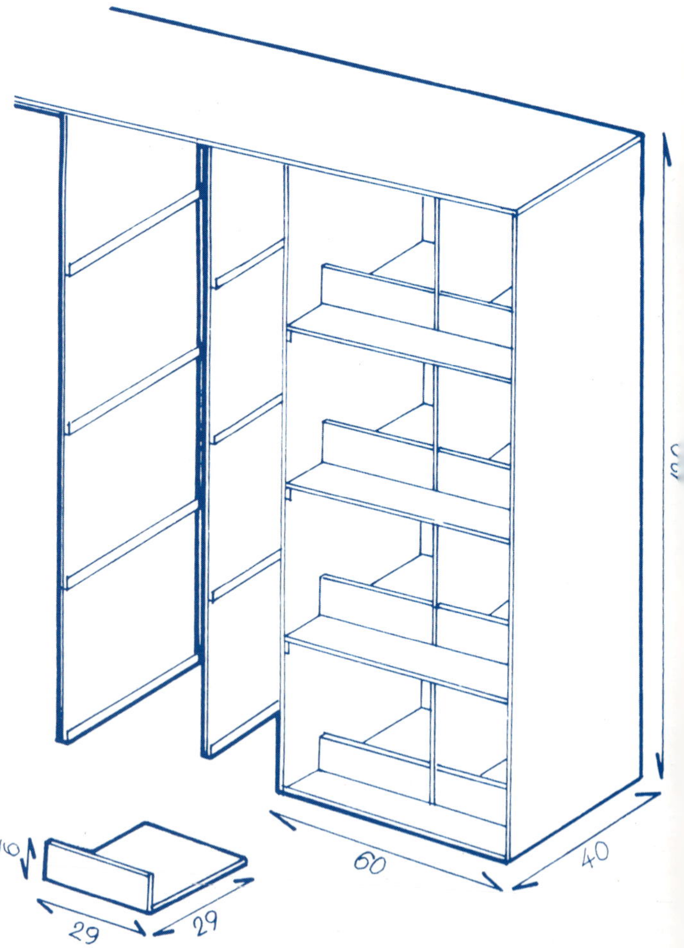

■ *Un ensemble de pondoirs faciles à réaliser soi-même.*

que chaque éleveur pourra modifier à sa fantaisie en s'inspirant des principes exposés ci-dessous et en respectant quelques règles impératives.

■ *Vue d'une installation de cases individuelles pour Voyageurs.*

L'orientation du pigeonnier n'est pas essentielle, mais une exposition au sud permet au soleil d'hiver d'éclairer l'intérieur. Un rayon de soleil transforme l'aspect et le comportement des pigeons, sans parler de son rôle bactéricide et de son influence sur la ponte.

Le terrain. Il doit être sain et, même par temps pluvieux, ne pas présenter d'infiltrations ou de ruissellement. Il est préférable de pratiquer un fossé de drainage ou de poser un drain enterré tout autour du pigeonnier.

Le bâtiment. Adoptez un type de bâtiment avec un toit à une seule pente : la charpente en est plus facile à réaliser et on atteint sans problème une largeur suffisante, soit 5 à 6 m. Si le bâtiment est assez grand, plus de 30 m^2, prévoyez un couloir de service desservant les parquets. Ce couloir sera aménagé du côté haut, et chaque parquet débouchera sur une volière raccordée sur le côté bas. Les hauteurs respectives des deux longs pans seront de 2 m et 3 m, donnant au toit une pente suffisante et une circulation aisée à l'intérieur, tout en enfermant un cubage d'air appréciable.

Les matériaux. Ils sont très variés : bois, briques, parpaings... L'une des meilleures

■ *Aménagement intérieur d'un pigeonnier. Pigeons de Poméranie à l'entrée de leurs cases de reproduction.*

■ *Ci-dessous : le bois constitue l'un des matériaux les plus simple à utiliser... à condition d'avoir quelques notions de menuiserie.*

formules consiste à monter des fermes en bois et à les relier par des plaques d'amiante-ciment clouées ou vissées. Cela permet de réaliser des cloisons doubles de 3 à 4 cm d'épaisseur avec un matériau isolant entre les deux parois, augmentant sensiblement le confort. Les pieds des fermes sont simplement ancrés sur des parpaings creux remplis de ciment et comportant une patte métallique scellée. Pour les divisions intérieures, adoptez des chevrons de 4 × 6 cm de section et, pour les pannes de la toiture, des chevrons de 6 × 8 cm. Couvrez ce pigeonnier de plaques asphaltées ondulées ou d'amiante-ciment (mais ce dernier est très lourd et exige une charpente renforcée), ou d'aluminium naturel ou teinté qui représente le meilleur matériau, léger, incassable et imputrescible. Il est indispensable de doubler la toiture d'une isolation thermique, par exemple en polystyrène de 3 ou 6 cm d'épaisseur, cloué sous les chevrons et réduisant les écarts de température l'hiver ou l'été.

■ *Un sol grillagé présente de nombreux avantages : empêcher la pénétration des rongeurs, évacuer les fientes, etc.*

Le sol. Plusieurs solutions valables conviennent au sol du pigeonnier. La plus simple consiste à recouvrir la terre d'un grillage ordinaire à mailles de 16 mm et à y étendre 4 ou 5 cm de sable de rivière ou de mer. Le grillage empêche toute pénétration des rats, habiles à creuser des terriers, et le sable sec constitue une très bonne litière. Vous pouvez aussi remplacer ce grillage par un béton, plus onéreux. Ce béton ne doit jamais être laissé à

■ *Bassin extérieur peu profond, spécialement conçu pour le bain des pigeons.*

nu. Recouvrez-le d'une litière de sable sec : les copeaux volent, la paille incite les pigeons à nicher à terre.

Vous pouvez aussi disposer, à 30 cm au-dessus du sol, des panneaux grillagés, constituant un faux plancher qui maintient les pigeons au sec. Il sera toujours propre et évitera toute couvée au sol. Les montants doivent être assez solides pour supporter le poids de deux personnes. Vous y agraferez du grillage à mailles carrées soudées de 19 mm, fil de 1,4 mm, qui permet de marcher sans problème. C'est une solution plus chère mais pratique à l'usage. Le nettoyage des fientes accumulées, sèches et sans odeur, ne se pratique que tous les deux ou trois ans, en soulevant les panneaux. Vous pouvez enfin disposer un plancher de bois surélevé, recouvert d'un peu de sable au départ. Les fientes s'agglomèrent au sable et forment une sorte de poudre sèche très absorbante : ce système est très utilisé aux États-Unis.

Les volières

Elles prolongent les parquets de ponte et assurent aux pigeons un espace, à peu de frais, où ils pourront recevoir le soleil et la pluie. Il est tentant d'aménager de grandes volières grillagées mais elles ont un inconvénient majeur : il est difficile d'y attraper les pigeons, à moins d'avoir un accès direct depuis le parquet. Il suffit de disposer d'une petite volière en balcon, de 80 cm de large, correspondant à l'ouverture de la façade. Ce balcon grillagé sera couvert par la toiture prolongée, évitant aux pluies battantes de mouiller la litière : cette solution est peu chère et très pratique. La fenêtre de communication pourra être fermée par un panneau transparent (polyane), articulé à sa partie supérieure et replié contre la toiture en position ouverte, empêchant ainsi les pigeons de s'y percher. La volière sera grillagée avec une maille de 16 mm, évitant toute introduction des rats. Si vous adoptez une volière plus vaste, prévoyez un sol grillagé et surélevé maintenant les pigeons au sec.

Les volières enherbées sont à déconseiller : par temps pluvieux, il s'y forme des flaques de boue qui sont autant de sources de contamination. Recouvrez le sol de 10 cm de gravier grossier ne retenant jamais l'eau et facile à désinfecter.

Les accessoires

Les mangeoires. Vous avez noté que le pigeon est capable d'équilibrer lui-même sa ration. Préférez au mélange constitué au goût du marchand ou du propriétaire, une présentation non mélangée des différents grains composant sa ration. La simple mangeoire-trémie libre-service (voir page 75) est facile à fabriquer par tout bricoleur. Les dimensions sont variables et adaptées à l'importance du cheptel et à la fréquence des ravitaillements. Une seule donnée est impérative, c'est l'ouverture du goulot laissant écouler les grains : 25 mm. Cela convient à la fois au blé et au maïs qui représentent les deux tailles extrêmes. Un perfectionnement utile consiste à pouvoir régler cet écoulement en remplaçant le goulot fixe par une ouverture réglable avec une plaque de tôle coulissante.

■ *Mangeoire en matière plastique. De forme conique, elle interdit aux pigeons de s'y percher, ce qui préserve la nourriture de toute souillure.*

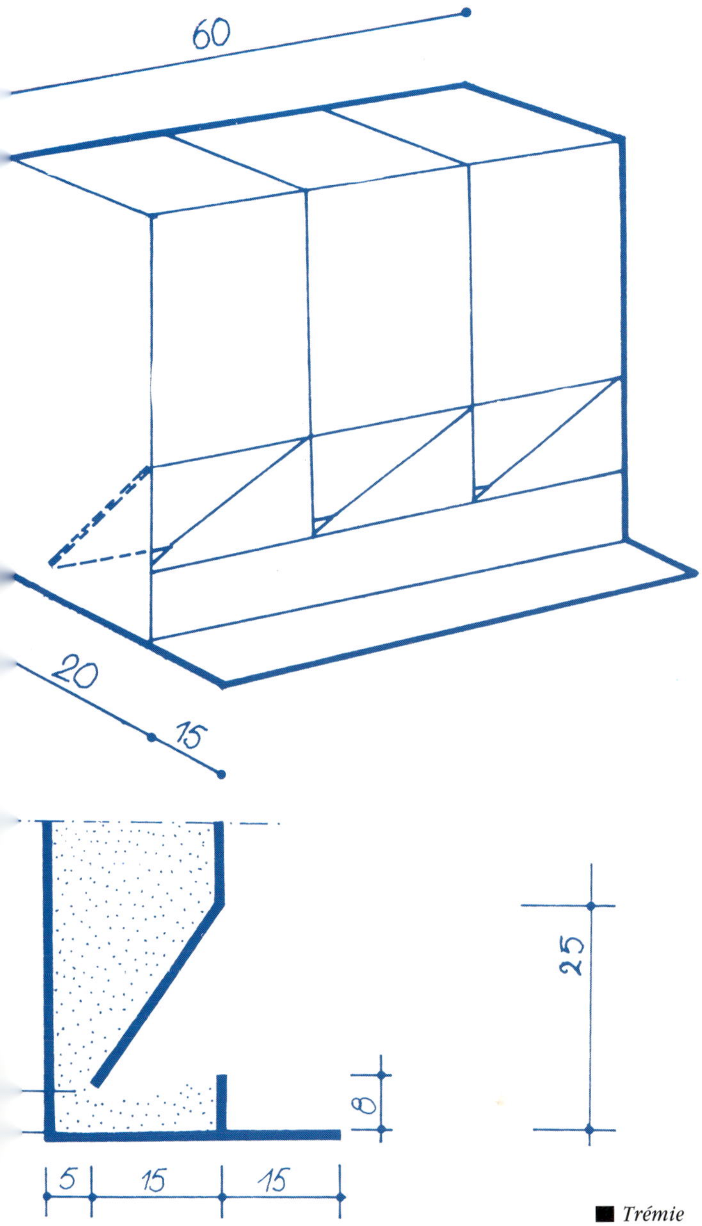

■ *Trémie d'alimentation.*

Cette trémie est simple si on la place côté couloir ; de plus, vous la remplirez sans pénétrer dans le parquet. Elle peut être double si vous la placez au milieu du parquet. Avec trois compartiments de 20 cm de large, elle suffit pour vingt couples. Il n'y a pratiquement pas de gaspillage avec ce système, sauf en cas d'infestation de vers capillaires : les toxines émises par ces parasites énervent les pigeons qui vident une trémie à grands coups de bec. Un bon vermifuge rétablira la situation.

Les abreuvoirs. Ils doivent être protégés pour éviter la chute des déjections. Il existe de très bons modèles siphoïdes de 5 litres en forme d'obus où les pigeons ne peuvent passer que la tête. Les modèles automatiques sont pratiques, les coupelles Drinkomatic donnent toute satisfaction avec une hauteur d'eau réglable. Raccordez-les sur un bac central en plastique permettant des traitements collectifs avec des médicaments solubles dans l'eau. Un détail qui a son importance : les tuyaux plastique seront opaques sous peine de se garnir d'algues vertes qui boucheront les soupapes. Un abreuvoir suffit pour 40 à 60 pigeons et la hauteur d'eau doit être d'au moins 3 à 4 cm. Le pigeon plonge son bec

■ *Abreuvoir siphoïde.*

■ *Ci-contre : les pigeons doivent pouvoir poser les pattes à plat.*

jusqu'aux narines pour boire à grandes lampées, contrairement aux autres oiseaux qui boivent de la pointe du bec. Nettoyez les abreuvoirs au moins deux fois par semaine.

Les pondoirs. Ils constituent un accessoire important puisque c'est là que les œufs sont pondus et les petits élevés.

Le couple doit obligatoirement disposer de deux emplacements. La femelle pond à nouveau quand les jeunes de la couvée précédente ont 10 à 20 jours. Ces emplacements seront côte à côte, mais séparés, pour éviter aux pigeonneaux de rejoindre la mère sur les nouveaux œufs et de les casser ou de les souiller. Contrairement à une pratique traditionnelle, ces nids individuels ne doivent pas être trop grands : souvent la femelle pond à nouveau juste à côté si elle en a la place. Un système inventé aux États-Unis réussit très bien : c'est le pondoir Eggleston (voir page 70)

Les pigeons réagissent très bien et très vite à tout allongement de la durée d'éclairement : la ponte augmente sensiblement (10 jours après la stimulation lumineuse ; ceci peut être utilisé pour obtenir un maximum de pigeonneaux à une période souhaitée mais provoque une fatigue accrue chez les parents qu'il faudra alors soutenir par une alimentation riche et très vitaminée. On évitera toutefois cet artifice en période de mue.

Case idéale pour un couple de pigeons.

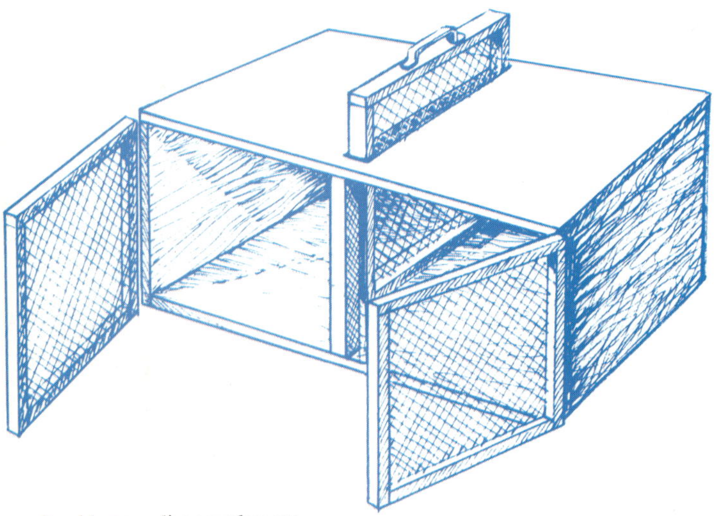

Double case d'accouplement.

Pondoir en argile.

où chaque nid double se compose en fait de deux tiroirs posés sur des tasseaux avec un promenoir commun isolant le couple des voisins. On peut grouper ces pondoirs en batteries de 12, 16, 20...

L'expérience montre que les pigeons s'y retrouvent très bien. Vous pouvez aussi superposer les deux nids au lieu de les juxtaposer, en transférant chaque fois les jeunes à l'étage inférieur vers 10 jours, ce qui leur interdit de remonter. Garnissez ces pondoirs de paille ou introduisez des coupelles en plâtre, en terre ou en plastique ; les deux premières sont moins chères, mais elles se cassent et sont difficiles à nettoyer. Les nids en plastique sont pratiquement incassables, imputrescibles (vous pouvez les mettre à tremper).

Il existe aussi des coupelles jetables en carton, détruites après chaque couvée, mais la moindre diarrhée les rend inutilisables.

Les perchoirs. Si vous en disposez dans le parquet ou dans la volière, placez-les près des parois pour ne pas gêner vos évolutions. Adaptez-les aux pattes des pigeons. Mieux vaut choisir des lattes plates de 3 à 4 cm de large. Les pigeons n'aiment pas les perchoirs ronds et préfèrent poser les pattes à plat.

■ *Page ci-contre : planchettes de repos à l'intérieur d'un pigeonnier. Remarquez qu'elles sont décalées les unes par rapport aux autres, cela pour que les oiseaux ne fassent pas leurs déjections sur ceux qui se trouvent au-dessous d'eux.*

Le pigeon et sa nourriture

Jusqu'à présent, l'étude des besoins alimentaires a rarement été approfondie.
Or, il est extrêment important de donner aux pigeons une nourriture équilibrée.
Ce chapitre vous rappelle les différents groupes
de constituants alimentaires. Sachez utiliser à bon escient :
les graines, la verdure, les aliments complets.
Enfin, n'oubliez pas le problème capital de la distribution.
Par ailleurs, la boisson, trop souvent négligée, peut être aussi un aliment énergétique
grâce à certains apports de sucre ou de médicaments.

Les besoins

Les besoins alimentaires des pigeons n'ont fait l'objet que d'un petit nombre d'études approfondies et systématiques, et les données actuelles sont plus empiriques qu'expérimentales.

Avant d'aborder les problèmes pratiques de nourriture, nous rappelons quelques données fondamentales pour vous aider à mieux comprendre l'importance de cette question. On classe les constituants alimentaires en groupes différents :

- les glucides ou hydrates de carbone ;
- les lipides ou matières grasses ;
- les protides ou protéines ou matières azotées ;
- les minéraux ;
- les vitamines.

Les glucides. Ils ne comportent dans leur formule chimique que trois éléments : oxygène, hydrogène et carbone. On range dans cette catégorie les sucres, les amidons et la cellulose. Les sucres sont rarement rencontrées à l'état libre dans les aliments pour pigeons, quant à la cellulose que l'on trouve dans les enveloppes des graines, elle n'est pas assimilable telle quelle par l'organisme et doit être auparavant dégradée en molécules plus courtes. Les oiseaux — ainsi que les hommes d'ailleurs — ne savent pas réaliser cette opération "économiquement" : pour l'assimiler, il leur faut dépenser plus d'énergie que celle qu'ils y trouvent.

Les lipides. Ils contiennent les mêmes éléments que les glucides mais le carbone y est en proportion bien plus élevée. Les graisses sont donc plus énergétiques. Ce sont des acides gras qui, sous l'action des sucs digestifs, sont émulsifiés puis transformés en savons solubles assimilables. Les lipides peuvent s'oxyder au contact de l'air. Ce phénomène s'appelle le rancissement et il aboutit à la destruction des vitamines.

Les protéines. Elles se caractérisent par la présence d'azote dans leur formule, en plus des éléments chimiques des autres constituants. Ce sont de grosses molécules formées d'acides aminés. Ce sont, en quelque sorte, les briques servant à construire l'édifice de la protéine. Ces "briques" sont au nombre de vingt, toujours les mêmes, seule l'architecture de la molécule construite varie.

Or, l'organisme du pigeon peut fabriquer certaines sortes de briques, les synthétiser à partir des éléments nutritifs simples, mais il en est d'autres qu'il doit trouver toutes faites car, s'il peut les assembler, il ne sait pas les fabriquer. On les appelle acides aminés essentiels. Cinq d'entre eux (méthionine, lysine, cystine, tryptophane et glutathion) sont considérés comme critiques : ils doivent se trouver en quantité suffisante dans les aliments, sous peine d'être à l'origine de carences graves. Les trois plus importants sont la lysine, la méthionine et la cystine. Les deux derniers contiennent du soufre, indispensable à la formation des plumes.

Les minéraux. Ils sont contenus dans toutes les graines, mais en proportion variable. Les plus importants sont le calcium et le phosphore. D'autres éléments interviennent également à dose infinitésimale : les oligo-éléments, plus particulièrement le manganèse, le zinc, le fer, le cuivre, le cobalt, le magnésium et l'iode.

Les vitamines. Ce sont les substances indispensable à tout organisme. Les plus importantes pour le pigeon sont :

- la vitamine A, primordiale dans la cicatrisation des lésions ;

• la vitamine D, qui intervient dans l'assimilation du calcium ;
• la vitamine E, essentielle dans tous les phénomènes de fécondation.

Les vitamines du groupe B jouent un rôle important dans l'activité des cellules nerveuses.

A partir de tous ces éléments, le pigeon peut satisfaire ses besoins, variables en fonction de sa physiologie particulière. En période de repos ou d'incubation, les pigeons sont réduits à la seule ration d'entretien des adultes. Dès la sécrétion du lait de jabot, les besoins en protéines augmentent et le pigeon doit consommer des graines qui en contiennent suffisamment. Quand le pigeonneau arrive à 10-12 jours, il est en période de croissance maximale. Il exige des éléments très énergétiques de ses parents. Enfin, la femelle a des besoins particuliers pour former ses œufs, principalement les minéraux qui constituent la coquille et les graisses phosphorées qui forment le jaune. On s'accorde sur le chiffre moyen de 50 kg de nourriture consommés annuellement par un couple qui élève 12 à 14 jeunes par an. Cette moyenne recouvre des variations cycliques importantes pour chaque couple, en fonction du stade où il se trouve.

■ *Nourrissage à la volée : certainement la méthode la plus simple. Mais la nourriture doit être absorbée rapidement pour conserver ses qualités.*

Les graines

Les graines les plus faciles à se procurer en France et qui, à elles seules, peuvent réaliser un équilibre convenable sont le blé, le maïs et les légumineuses (pois, vesce ou féverole). Les pigeons consomment dans l'année environ 25 kg de maïs par couple, 15 à 18 kg de légumineuses et 8 à 10 kg de blé. On peut substituer à ces graines d'autres types de nourriture, mais il est utile de connaître ce qu'apporte chaque catégorie (voir tableau ci-dessous).

Caractéristiques alimentaires des graines

en %	maïs	blé	sorgho	pois	vesce	féve-role	orge
Protéines	9	11	10	23	27	25	10
Mat. grasses	4	2	3	1,6	2,1	1,4	2
Mat. minér.	1,5	1,5	2	2,8	3,7	4,2	2,5

Le maïs. Consommé pour environ 50 % de la ration, il est maintenant très cultivé en France et facile à se procurer. C'est un aliment énergétique mais relativement pauvre en protéines. On en trouve de nombreuses variétés à grains de forme et de grosseur variables. Contrairement à une opinion répandue, tous les types de grains conviennent aux pigeons, même les plus gros, qui seront présentés entiers et non concassés.

Le maïs doit être bien sec (au maximum 16 à 17 % d'humidité), et non moisi ; attention aux pointes de grains vertes ou noires. Le séchage artificiel à la chaleur a tendance à détruire une partie des vitamines et indique souvent des maïs insuffisamment mûrs.

Le blé. La petite taille du grain lui permet d'être consommé par les jeunes pigeonneaux : c'est d'abord du blé que les parents régurgitent à leurs jeunes. Plus riche en protéines que le maïs, mais beaucoup moins énergétique, il est peu consommé si le pigeon a le choix (10 à 15 % de la ration). Toutes les variétés conviennent aux pigeons, y compris les blés fourragers.

■ *Page ci-contre : mélange équilibré de graines : maïs, blé, pois, vesce. On le trouve dans le commerce, mais on peut très bien le composer soi-même.*

Le sorgho. Encore appelé dari ou milo corn, le sorgho existe en France dans ses variétés rouges, cultives dans le sud du pays. Sa valeur est intermédiaire entre celle du blé et du maïs, mais il est moyennement consommé. Une variété blanche, originaire du Maroc, est plus appréciée mais beaucoup plus chère.

L'orge. Elle est très mal acceptée par les pigeons qui ne la mangent que contraints et forcés, quand ils ne disposent pas d'autre chose.

L'avoine. Elle est le plus souvent refusée. Beaucoup d'éleveurs redoutent que le jabot des jeunes soit perforé par les extrémités très pointues des grains.

Le seigle. D'une composition voisine de celle du blé, il suscite chez le pigeon une appétence très modérée ; pour cette raison, peu d'éleveurs lui en donnent.

Le riz. Certains amateurs le croient très riche et en présentent toujours à leur pensionnaires qui le consomment d'ailleurs volontiers, une fois habitués. C'est pourtant une graine très pauvre en protéines, souvent chère et sans intérêt particulier.

Le pois. Nous arrivons, avec cette graine, aux légumineuses dont on sait l'importance pour le pigeon. Il apprécie toutes les variétés de pois, verts ou jaunes, ronds ou anguleux, qui ont des teneurs en protéines très voisines. La consommation de pois varie avec la production de jeunes, et peut, au printemps, représenter 40 à 50 % de la ration. Évitez tous les grains charançonnés ou noirs, ainsi que les

déchets cassés que les pigeons ne mangent guère.

La féverole. Contrairement à une opinion souvent admise, elle a la même valeur que le pois et est parfaitement consommée par les pigeons. La relance de cette culture peut en faciliter la disponibilité. Veillez seulement à donner des variétés à petits grains, en évitant les grains noirs, indices d'une maturité insuffisante.

La vesce. Plus riche en protéines que le pois ou la féverole, la vesce est très appréciée des pigeons. Mais elle devient rare et reste très chère.

Les graines oléagineuses. Ces graines (colza, moutarde) sont très énergétiques en raison des réserves huileuses qu'elles contiennent. Les pigeons n'en consomment que des quantités modérées. Elles sont échauffantes et peuvent provoquer des diarrhées. Évitez d'en donner. Exception faite pour le chènevis, ou graine de chanvre, véritable friandise permettant d'apprivoiser les pigeons les plus farouches. Consommé en quantité modérée, le chènevis a un effet stimulant. Vous le donnerez en période de mue ou après toute maladie.

Le sarrasin. Devenu difficile à trouver, le pigeon le consomme sans le rechercher. Vous pouvez en donner sans crainte.

Certains éleveurs choisissent pour leurs pigeons des maïs à petits grains ou à gros grains, mais concassés. La grosseur des grains n'a en fait aucune importance (on se rappellera que les ramiers se nourrissent de glands). Quant au concassage, il s'agit d'une erreur car les matières nutritives se trouvent alors au contact de l'air et peuvent s'oxyder rapidement en perdant, en particulier, une proportion importante de leurs vitamines.

La verdure. Les pigeons apprécient beaucoup les feuilles de salade, de chou ou d'autres plantes tendres. Distribuez-en avec profit, en particulier l'été. Cependant, la verdure n'est absolument pas indispensable au pigeon qui n'y trouve que des vitamines.

Les aliments complets

Le développement de l'aviculture industrielle, depuis une trentaine d'années, a conduit à la mise au point et à la diffusion d'aliments complets pour toutes les espèces de volailles. On a déterminé avec précision les besoins alimentaires aux différents âges. Ces aliments sont très bien équilibrés et apportent aux oiseaux tous les constituants nécessaires dans des proportions optimales.

Or, le problème est totalement différent chez le pigeon. D'une part, les besoins n'ont jamais été déterminés par des études approfondies, d'autre part dans un pigeonnier, la plupart des couples sont à des stades physiologiques très différents. On trouve en même temps des pigeons au repos, des femelles en ponte, des couples sécrérant du lait de jabot, des jeunes le recevant puis ingurgitant une nourriture fournie par les parents, et enfin, parfois, des pigeonneaux au sevrage. Ces différentes catégories ont des besoins alimentaires variés : un aliment complet pour les uns sera trop riche ou déséquilibré pour les autres.

Cependant, il est possible de nourrir des pigeons avec un aliment synthétique. Mais il doit être présenté sous forme de granulés bien collés. Les pigeons de tous âges refusent la farine. La composition la plus proche d'un compromis, difficile à trouver, devrait comprendre environ 16 à 18 % de protéines avec une énergie moyenne (soit 2 700 à 2 800 calories par kilo et des minéraux et vitamines en quantité suffisante). Basez-vous sur les formules distribuées aux poules pondeuses reproductrices. Elles conviennent parfaitement aux pigeons. Certaines firmes d'aliments fabriquent des granulés spéciaux pour pigeons qui donnent satisfaction.

Une solution plus logique est de distribuer des aliments granulés à la place des légumineuses. Celles-ci sont parfois difficiles à trouver dans le commerce. Choisissez alors des formules pour pintadeaux, dindonneaux ou faisandeaux titrant 25 à 27 % de protéines très digestibles. Les pigeons les consomment volontiers. Des aliments dits "complémentaires de céréales" et se rapprochant de cette teneur sont également fabriqués par certaines maisons d'aliments.

Le mode de distribution des graines est également très important. Bien des éleveurs amateurs constituent eux-mêmes de savants mélanges de graines, cela dans le but d'éviter un gaspillage trop grand, dans la mesure où les variations des besoins des pigeons les conduisent à rechercher tel ou tel type de grains à un moment donné. Ils écartent alors, à grands coups de bec, les grains qui ne les intéressent pas.

Pour éviter cet inconvénient, prévoyez une mangeoire à plusieurs compartiments afin de séparer les différentes catégories de grains. Ce type de mangeoire automatique est facile à fabriquer (voir page 75). Prévoyez trois,

■ *Groupe de pigeons Kings jaunes élevés en liberté dans une cour de ferme : les grains sont consommés immédiatement.*

quatre ou cinq compartiments dans lesquels les grains descendront d'eux-mêmes, au fur et à mesure de leur consommation.

Les minéraux

On trouve dans le commerce, sous forme de blocs, des composés minéraux renfermant la plupart du temps des coquilles d'huîtres broyées agglomérées par du plâtre. Or, si le calcium nécessaire est surabondant, le phosphore est souvent absent. Voici la composition d'un composé plus complet, facile à fabriquer et que vous présenterez tel quel dans des augettes en bois ou en plastique (évitez le métal). Si vous désirez le présenter en blocs, vous pouvez les réaliser en ajoutant 7 à 8 % de plâtre et en moulant le mélange humidifié dans des bols ou boîtes :

- coquilles d'huîtres broyées : 79 % ;
- phosphate bicalcique : 10 % ;
- sel marin : 3 % ;
- sulfate de fer : 3 % ;
- soufre en fleur : 5 %.

Vous pouvez trouver dans le commerce un composé minéral équilibré contenant en plus de ces éléments des oligo-éléments et des vitamines. Les pigeons en consomment en moyenne 2 à 3 grammes par jour.

La boisson

Si nous avons gardé la boisson pour la fin de ce chapitre, c'est pour mettre en valeur son importance primordiale, souvent négligée par les éleveurs. Un pigeon consomme environ 100 cm^3 d'eau par jour, soit 1/10e de litre. Cette quantité peut doubler par temps chaud. Elle est, par kilo de poids, nettement supérieure à celle nécessaire aux autres volailles, mais tient compte de la régurgitation aux jeunes encore au nid.

L'eau doit être propre et potable. On voit trop souvent des pigeons s'abreuver dans une gamelle remplie au fossé ou conservée trop longtemps. Elle se transforme en une "soupe" malodorante et trouble, véritable bouillon de culture. Prenez l'eau du robinet ou du puits.

■ *Cette méthode de nourrissage est à éviter car les pigeons rentrant dans la "mangeoire" souillent les grains et les gaspillent.*

Changez-la souvent et présentez-la dans des abreuvoirs propres où le pigeon ne puisse introduire que la tête. Il en existe d'excellents modèles, siphoïdes ou automatiques.

■ *Modèle d'abreuvoir métallique avec une bonne réserve d'eau.*

Les pigeons possèdent un sens du goût très développé et apprécient parfaitement toutes les modifications de saveur de l'eau, en particulier quand on y ajoute des médicaments solubles. Certains produits qui semblent aux humains d'une saveur agréable sont refusés par les pigeons et l'on doit souvent sucrer les solutions pour les leur faire absorber : il faut tenir compte des sous-consommations éventuelles et doser les médicaments en conséquence.

Le pigeon adulte au repos supporte de rester très longtemps sans boire, mais les couples nourrissant des jeunes doivent disposer d'eau en permanence, sinon ils ne peuvent pas régurgiter et nourrir leurs petits. Veillez à la bonne alimentation des abreuvoirs et au bon fonctionnement des systèmes automatiques. De plus, l'eau constitue un excellent moyen de distribuer, sous forme soluble, les médicaments indispensables au bon fonctionnement d'un pigeonnier : vermifuges, anticoccidiens, vitamines... L'hiver, on peut la sucrer, ce qui retarde son point de congélation et en fait un aliment très énergétique.

Le pigeon et sa pathologie

Les maladies des pigeons proviennent souvent d'une trop forte concentration des volatiles. Et, si les adultes sont généralement immunisés, les pigeonneaux sont les victimes désignées de maladies de toutes sortes.
Lorsque quelques sujets sont touchés, c'est tout le cheptel qui doit être soigné.
Les maladies peuvent provenir : des virus, des microbes, des protozoaires, des vers, des parasites externes.
C'est grâce à quelques règles de simple hygiène à l'intérieur du pigeonnier que vous parviendrez à prévenir ces maladies.

Comme tout animal, le pigeon est sujet à des maladies. Elles sont d'autant plus graves et plus fréquentes que la concentration est plus élevée. Le pigeon présente une particularité : les adultes sont en général immunisés ou en équilibre avec leur milieu et les pertes sont relativement rares, même en présence d'invasion importante. En revanche, les pigeonneaux, qui n'ont pas encore acquis cette immunité, peuvent en être victimes et les pertes très fortes, jusqu'à supprimer toute production. De plus, les pigeons vivent en colonies et, en cas de maladie sur quelques sujets, vous devez soigner tout le cheptel certainement contaminé. Les oiseaux les plus sensibles révèlent la maladie les premiers, mais les autres ne tardent pas à suivre. Ce serait une erreur de ne soigner que les pigeons malades. Il existe des médicaments solubles dans l'eau pour toutes les affections. L'eau de boisson rend la distribution collective facile. La plupart des maladies des pigeons sont provoquées par des microbes ou parasites localisés dans le tube digestif et en particulier dans l'intestin.

Les déjections constituent de véritables ensemencements. Vous devez protéger la boisson et les aliments de toute contamination. Nous verrons plus loin qu'il existe plusieurs astuces pour y parvenir à peu de frais.

■ *Page ci-contre : l'inspection de la gorge d'un pigeon permet de se rendre compte de la présence de plaques blanchâtres, signes de la diphtérie.*

Les maladies

Les virus

Les virus sont caractérisés par leur très petite taille, leur pouvoir infectant très élevé dû à une multiplication extrêmement rapide et leur sensibilité faible ou nulle aux médicaments, en particulier aux antibiotiques.

La variole ou diphtérie. On rencontre surtout des cas de variole dans les pays à climat chaud, mais c'est une affection bien moins répandue qu'on ne le dit. Elle est souvent confondue avec d'autres maladies, en particulier avec la trichomonose. Les amateurs l'appellent souvent "poquette" en raison de sa manifestation la plus fréquente : l'apparition de pustules croûteuses autour du bec et de l'œil. On voit aussi, en ouvrant le bec, l'apparition de plaques blanchâtres à l'intérieur de la gorge ; ces plaques ne sont pas dures mais membraneuses.

C'est une maladie bénigne chez le pigeon. Elle ne devient dangereuse qu'en cas de trichomonose simultanée. Les lésions servent de portes d'entrée aux parasites qui envahissent l'organisme et provoquent la mort des pigeons.

En cas de variole, faites un traitement collectif au dimétridazole (Emtryl 40 %) et renforcez la résistance des pigeons par l'administration de vitamines. On peut vacciner contre la variole en inoculant aux pigeons, par scarification de la peau, une forme atténuée du virus : ils sont alors immunisés pour six mois maximum. Mais le risque élevé et la faible gravité de la maladie ne justifient ces vaccinations qu'en cas d'attaques caractérisées et répétées.

L'ornithose. C'est l'une des maladies du pigeon transmissible à l'homme. Elle est reconnue comme légalement contagieuse et entraîne en principe l'abattage du cheptel entier de l'élevage atteint. Mais elle est difficile à diagnostiquer avec certitude. Seuls quelques laboratoires peuvent le faire en France. Cette maladie, due à un gros virus, se manifeste par des sympthômes respiratoires, en particulier un écoulement aqueux ou purulent des narines, une ophtalmie et parfois des râles. Elle demeure une maladie rare dans les

pigeonniers. Méfiez-vous seulement des coryzas traînants, non guéris par les antibiotiques classiques comme la streptomycine, la tylosine... Le meilleur médicament est la tétracycline, donnée dans l'eau de boisson à raison de 0,5 g par litre, pendant cinq jours.

La paramyxovirose. Cette maladie virale est apparue récemment en France, probablement importée d'Espagne ou du Portugal à l'occasion d'expositions. C'est une variante de la maladie de Newcastel, ou peste aviaire, qui a dévasté de nombreux poulaillers voici quelques décennies. Les symptômes sont soit d'ordre nerveux avec torticolis caractéristiques, bec "vissé" à terre ou, au contraire, regards vers le ciel et incoordination partielle ou totale des mouvements ; soit d'ordre digestif, avec diarrhée verdâtre. La contagiosité est extrême et la mortalité peut atteindre 60 à 80 % de l'effectif en quelques jours. C'est dire la gravité de cette maladie.
Comme pour toutes les maladies à virus, les solutions curatives sont nulles, seule la vaccination peut être préventive. On peut administrer un vaccin inactivé en solution huileuse de préférence et en injection intramusculaire, de type Itranew par exemple, à la dose de 0,25 ml par pigeon. On peut aussi recourir à un virus atténué, par exemple la souche Lasota, qui évite la manipulation des pigeons puisqu'elle se donne dans l'eau de boisson ; mais elle peut provoquer une réaction respiratoire dans les quatre ou cinq jours. La protection ainsi conférée est le plus souvent efficace six mois ; mais en cas d'épidémie, l'éleveur serait bien inspiré de la répéter quelle que soit la date de la dernière.

■ *Ci-contre : traitement contre les poux rouges et autres parasites externes à l'aide d'un produit en bombe aérosol.*

■ *Utilisation d'une poudre antiparasites.*

Les microbes

La salmonellose. C'est la maladie infectieuse qui provoque les pertes les plus élevées dans les pigeonniers. Elle est due à une salmonelle, microbe voisin de celui de la typhoïde chez l'homme. Ce microbe est souvent véhiculé par les rats et surtout les

souris. Ses manifestations sont très variables :
- on trouve un pourcentage élevé d'œufs dits "noirs" qui prennent pendant l'incubation une teinte plombée caractéristique indiquant la mort de l'embryon ;
- les pigeonneaux meurent au nid vers 10 à 12 jours, très brusquement en 2 heures, avec le jabot plein de nourriture ;
- les adultes peuvent présenter des arthrites des articulations de l'aile ou de la patte se traduisant par l'apparition de boules remplies d'une sérosité jaunâtre ;
- les jeunes emplumés ou les adultes maigrissent progressivement et présentent souvent une diarrhée verte souillant les plumes ;
- quelques adultes ont des manifestations nerveuses : torticolis et attitudes bizarres indiquant une atteinte du cerveau.

■ *La meilleure prévention contre les maladies est un pigeonnier bien tenu et une inspection régulière.*

Il existe plusieurs médicaments très actifs contre cette maladie. Mais, comme les salmonelles peuvent créer des formes résistantes à tel ou tel antibiotiques, envoyez de préférence les sujets suspects à un laboratoire spécialisé [1]. Demandez une analyse bactériologique avec antibiogramme : le bulletin d'analyse indique alors le meilleur antibiotique à employer.

Vous pouvez utiliser le chloramphénicol à 0,5 g de produit pur par litre d'eau, le furaltadone à la même dose, l'ampicilline à 50 mg de produit pur par litre d'eau. Mais le plus important est de se souvenir que le microbe se transmet par l'œuf. Celui-ci traverse

(1) Laboratoire de la Direction des services vétérinaires de chaque département.

le cloaque au moment de la ponte et la coquille est contaminée par des salmonelles d'origine intestinale : elles traversent les pores et s'introduisent dans l'œuf, à l'abri de tout traitement. Il faudra donc, soit traiter pendant une durée supérieure à celle de l'incubation, c'est-à-dire au moins 20 jours, soit casser tous les œufs au début du traitement qui durera alors 5 à 6 jours.

On peut aussi vacciner contre cette maladie. Faites exécuter un autovaccin à partir d'un sujet malade et répétez cette vaccination tous les 5 à 6 mois. La protection n'est jamais absolue mais les rechutes sont toujours moins fréquentes et moins graves. Vous pouvez soigner individuellement les pigeons atteints d'arthrite, en particulier à l'aile. A l'aide d'une grosse aiguille de 15/10e de mm, ponctionnez l'enflure le plus vite possible et videz-la de la sérosité. Injectez à la place 1/2 cm^{3} d'un complexe antibiotique actif, deux fois de suite à 2 ou 3 jours d'intervalle, en complétant ce traitement par l'injection intramusculaire de la même dose. La guérison est obtenue en une à deux semaines dans 80 % des cas. Mais toute intervention tardive est vouée à l'échec, l'aile restant ankylosée.

La staphylococcie. Les staphylocoques sont des microbes de type banal qui s'introduisent dans l'organisme du pigeon à la faveur de blessures aux pattes. Ils provoquent des abcès aux articulations des doigts ou de la cheville et, le plus souvent, sous la paume de la patte que l'on appelle le coussinet plantaire. On constate une enflure, la formation d'une croûte. Le plus souvent, la cicatrisation intervient d'elle-même, mais l'enflure demeure partiellement. Une fois dans la place, le microbe peut envahir l'organisme et, s'il provoque rarement la mort des adultes, il contamine les œufs au passage du cloaque et tue l'embryon ou le tout jeune pigeonneau.

Les antibiotiques les plus actifs contre ce microbe sont la colistine, ou colimycine, donnée dans l'eau de boisson à la dose de 50 milliards d'unités internationales par litre d'eau ; ou, en injection intramusculaire, la néomycine et l'ampicilline. Le plus souvent, on trouve dans le commerce des associations de médicaments données dans l'eau à la dose de 1 g/litre pendant cinq jours.

La streptococcie. Elle provoque en général des mortalités brusques des jeunes, vers 12 à 15 jours, comme la salmonellose. Seule une analyse bactériologique permettra de faire la différence. L'antibiotique de choix est l'ampicilline à 25 ou 50 mg de produit pur par litre d'eau de boisson, pendant cinq jours.

La colibacillose. Voilà encore un microbe extrêmement commun puisque c'est un hôte normal de l'intestin de tous les animaux. Il en existe une très grande variété. Ils ne sont pas tous pathogènes. Si certains types de colibacilles prolifèrent d'une façon anormale, ils envahissent l'organisme et contaminent la coquille de l'œuf au passage du cloaque tuant l'embryon ou le pigeonneau dans les trois ou quatre premiers jours après l'éclosion. Il faut aussi une analyse bactériologique pour établir le diagnostic mais les conclusions de l'analyse demandent une interprétation. Il est bien rare, en effet, que l'on ne détecte pas sur un pigeonneau mort ou malade, la présence d'un colibacille. Cela ne signifie pas qu'il soit responsable des dégâts. N'entreprenez le traitement qu'après avoir éliminé toutes les autres causes possibles.

Les antibiotiques les plus actifs contre ce microbe sont la colistine, ou colimycine, donnée dans l'eau de boisson à la dose de

50 milliards d'unités internationales par litre d'eau ; ou, en injection intramusculaire, la néomycine et l'ampicilline. Le plus souvent, on trouve dans le commerce des associations de médicaments données dans l'eau à la dose de 1 g/litre pendant cinq jours.

Prenez garde à l'origine de l'eau de boisson, et toute colibacillose traînante ou chronique fera rechercher une contamination possible de la source ou du puits. Faites une analyse bactériologique de l'eau.

Les coryzas. Ces maladies respiratoires sont, la plupart du temps, des affections secondaires. Elles sont la conséquences d'un affaiblissement de la résistance du pigeon, le plus souvent à la suite d'une parasitose. On note presque toujours l'intervention de plusieurs microbes, dont les colibacilles, les mycoplasmes, les diplocoques...

■ *L'adduction de vitamines dans l'eau de boisson permet de garder les pigeons en bonne santé et ainsi de les prémunir contre les maladies.*

Le coryza commence par un écoulement nasal clair puis jaunâtre. Non soigné, il se complique de râles, indiquant une atteinte des poumons et des sacs aériens, avec difficultés respiratoires. La mort du sujet survient alors en quelques jours par invasion de l'organisme. Les adultes sont moins réceptifs et, s'ils sont atteints, n'en conservent qu'un essoufflement chronique.

Vous pouvez agir de deux façons. Stoppez l'évolution et donnez dans l'eau de boisson un complexe antibiotique, par exemple le A11 ou de la tylosine pendant trois à cinq

Les coryzas des pigeons sont les affections les plus courantes et constituent une véritable plaie des pigeonniers. Or ils sont dans la plupart des cas provoqués au départ par un affaiblissement des sujets en raison d'une parasitose interne qu'il faut soigner avant tout pour éviter les rechutes. Coccidiose et trichomonose font le lit des affections respiratoires et leur traitement suffit en général à rétablir un bon équilibre.

jours. Injectez aux sujets repérés cette même solution antibiotique qui les guérira en général en 48 heures. Il est souhaitable d'isoler les sujets atteints. Mais ne manquez pas de traiter la cause première et vérifiez, par une analyse, les risques de parasitoses soignées avec les médicaments spécifiques. Enfin, une bonne aération des locaux est essentielle pour réduire au minimum ce genre de problème.

Les protozoaires

Les protozoaires sont des animaux microscopiques unicellulaires qui parasitent les voies digestives de nombreux animaux. Les plus courants chez le pigeon sont les suivants :

Les coccidies. Elles provoquent une maladie courante, appelée coccidiose, qui est une parasitose intestinale se traduisant par une irritation de la muqueuse allant jusqu'à l'hémorragie. Il y a d'abord une diarrhée aqueuse qui peut atteindre les jeunes au nid depuis l'âge de deux semaines. Elle provoque naturellement un amaigrissement rapide et s'accompagne d'une attitude hérissée caractéristique, et de symptômes respiratoires secondaires. Les adultes sont naturellement porteurs de coccidies mais y sont peu sensibles grâce à une immunité relativement solide. Les coccidies produisent des formes de résistance ou ookystes, sortes d'œufs pratiquement indestructibles et conservant très longtemps leur pouvoir infectant. Ces ookystes sont facilement détectés par un examen microscopique du contenu intestinal. Seule l'appréciation de la quantité sera un indice du risque de coccidiose, ce qui demande un spécialite de ces recherches parasitaires.

■ *Le pigeon aime se baigner ; il en a besoin pour son hygiène et pour conserver son plumage propre. Mettez à sa disposition un récipient adapté.*

En revanche, il est facile de diagnostiquer la gravité du cas en sacrifiant un sujet ou en examinant systématiquement les intestins de pigeonneaux abattus. En cas de coccidiose, on voit des plages hémorragiques sur la muqueuse qui vont d'un léger pointillé rouge à la plaque étendue et saignante. Vous apprécierez ainsi l'étendue des dégâts. Ajoutons que les coccidies du pigeon sont d'une espèce particulière et n'infectent pas les autres volailles ou animaux.

Le remède est un sulfamide, la sulfadimérazine sodique pure donnée dans l'eau de boisson à la dose de 2 g par litre d'eau pendant cinq jours. Les résultats sont spectaculaires et la toxicité faible ou nulle pour le pigeon.

Un antibiotique possède également un bon pouvoir anticoccidien : la framycétine, qui s'emploie à 15 g de produit commercial pur pour 20 litres d'eau pendant cinq jours.

Comme les ookystes sont insensibles aux anticoccidiens, les rechutes sont fréquentes et plusieurs traitements successifs, à deux ou trois semaines d'intervalle, sont souvent nécessaires. Évitez toute source d'humidité dans le pigeonnier et, s'il est équipé d'une litière de sable, l'épandage de superphosphate de chaux en poudre à la dose de 1 kg pour 3 à 4 m² constitue une excellente neutralisation. Les lésions intestinales se cicatrisent plus facilement si l'on administre, après le traitement, de la vitamine A à la dose de 3 000 unités par

pigeon pendant deux ou trois jours. Il existe des complexes vitaminiques bien équilibrés qui conviennent parfaitement.

La trichomonose. C'est l'une des parasitoses les plus fréquentes dans les pigeonniers. Elle est provoquée par un protozoaire microscopique, le trichomonas qui a la propriété d'être pourvu d'une flagelle, sorte de queue qui facilite ses déplacements. Il colonise la totalité du tube digestif. Voici les symptômes les plus fréquents.

• La gorge du pigeon prend une teinte violette, congestionnée, au lieu de la couleur rose clair normale. On y voit de nombreux glaires jaunâtres qui pendent parfois en filets hors du bec. Le pigeon présente alors des bâillements spasmodiques et a souvent le bec humide et entrouvert.

• Le parasite provoque des abcès avec pus jaunâtre et dur, saignant au décollement. Ces abcès se localisent à la commissure du bec, dans la gorge, à l'anus. Ils peuvent atteindre les pigeonneaux dès la deuxième semaine.

• On peut trouver une diarrhée vert bouteille, rappelant celle de la salmonellose.

• La trichomonose se complique souvent de symptômes respiratoires avec coryza et râles. Elle est fréquemment associée à la coccidiose.

Vous pouvez traiter de deux façons.

L'éleveur devra prêter une attention toute particulière à la qualité des grains : récoltés trop humides, ils moisissent souvent, dégagent une odeur caractéristique et présentent des taches ou points noirs ou verts ; ils peuvent alors provoquer des diarrhées chez les pigeons et entraîner la mort des pigeonneaux. On peut soigner et guérir ces mycoses en donnant par exemple du sorbate de tétracycline à raison de 1 g par litre d'eau de boisson pendant 5 jours.

Donnez un médicament soluble dans l'eau à tout le cheptel, c'est la manière la plus commode. Adoptez le dimétridazole, commercialisé sous le nom d'Emtryl 40 %, qui se donne à la dose de 0,5 à 1 g par litre d'eau pendant 7 à 10 jours suivant la gravité de l'attaque. Ce médicament très efficace s'accumule dans l'organisme et provoque parfois, en fin de traitement, des symptômes d'ivresse avec incoordination. Arrêtez alors le traitement et donnez aux pigeons de l'eau additionnée de bicarbonate de soude à raison de 5 g par litre.

Vous pouvez aussi soigner individuellement les sujets atteints en leur donnant un comprimé de Spartrix à base de carnidazole. Ce produit inoffensif et efficace n'existe pas sous forme soluble ce qui en limite l'emploi aux cas individuels ou aux effectifs faibles.

Les vers

Voici les espèces les plus fréquentes infestant le pigeon.

Les ascaris. Ce sont des vers ronds, de 2 à 3 cm de long et de 1 à 2 mm de diamètre, faciles à voir dans l'intestin des pigeons parasités. Ils forment parfois des pelotes obstruant complètement le passage et provoquant la mort par occlusion. Ils se reproduisent en pondant des œufs très résistants qui sont ingérés par les pigeons picorant la litière. Ces vers sont très fréquents et on les voit parfois dans les déjections.

Les capillaires. Beaucoup plus petits que les ascaris, ils sont fins comme des cheveux et très difficiles à voir à l'œil nu. Ils parasitent tout le tube digestif, en particulier le jabot, provoquant des abcès, et l'intestin où ils attaquent la muqueuse. Mais les plus graves conséquences sont dues à leurs produits

d'excrétion, véritables toxines du système nerveux, provoquant des désordres dans le pigeonnier et amenant souvent l'amaigrissement et la mort des pigeons. Les symptômes sont très variés et difficiles à repérer avec certitude. Citons les plus courants :

- augmentation très forte du nombre d'œufs clairs (non fécondés) jusqu'à 40 ou 50 % ;
- chute brusque de la ponte ;
- mort rapide d'adultes, souvent très maigres, avec le bréchet en lame de couteau et sans diarrhée ;
- batailles d'adultes et gaspillage de grains sans motif apparent ;
- mort des pigeonneaux de 2 ou 3 jours, non nourris. En fait les parents sont trop affaiblis pour produire du lait de jabot et les jeunes meurent de faim. Ce symptôme est d'autant plus déroutant que l'analyse des jeunes pigeonneaux morts ne donne rien sinon un banal colibacille.

■ *L'eau de boisson doit être régulièrement renouvelée. Le nombre de prix d'exposition que l'on voit suspendus montre le soin qu'apporte cet éleveur à ses pigeons.*

Le traitement de la capillariose, le même que celui de l'ascaridiose, fait appel à plusieurs produits. Tout d'abord, les sels de pipérazine, actifs contre les formes adultes mais non contre les larves, et que l'on doit donner à forte dose : 5 g de produit par litre d'eau pendant trois jours consécutifs. Les sels de pipérazine ne sont pas toxiques et les formes les plus courantes sont l'hydrate, le citrate et le dihydrochlorure.

Une autre catégorie de vermifuges, également très actifs, sont le tétramisole et le lévamisole. Ils existent sous forme de

■ *La desinfection d'un bassin est une mesure préventive indispensable.*

comprimés ou de poudre soluble dans l'eau de boisson à la dose de 40 mg par kilo de poids vif, soit environ 1 g par litre d'eau. Sucrez l'eau de boisson à 20 g par litre pour faciliter l'absorption du médicament. Les générations de capillaires se succèdent en moyenne toutes les trois semaines et, en cas d'infestation, faites deux ou trois traitements successifs en respectant cet intervalle.

Les ténias. Plus rares, ils doivent, avant d'infecter le pigeon passer par un hôte intermédiaire : un escargot. On ne trouve donc que des cas individuels sur les volières enherbées.

Traitez les sujets atteints par des pilules vermifuges spécifiques de ces vers.

■ *Page ci-contre : la nourriture doit être préservée des déjections à l'origine des maladies.*

Parasites et prédateurs

Les parasites externes

Les pigeons hébergent fréquemment des poux, lipeures, goniocotes ou ménopons qui, s'ils donnent un aspect négligé, ne sont pas très graves. Par contre, les acariens comme le *dermanyssus* ou "pou rouge" sont plus dangereux. Ils sucent le sang des jeunes pigeonneaux et provoquent des abandons de nids. On trouve, plus rarement, des tiques, acariens qui sucent le sang de leurs hôtes.

Il existe d'excellents insecticides et acaricides sans danger pour les pigeons, à base de pyrèthre, de sevin, de produits organo-phosphorés : par exemple le Véténol doux, chez les pharmaciens ou les vétérinaires, en boîte ou flacon poudreur. Vous pouvez aussi additionner l'eau du bain d'un produit efficace et non toxique.

Les rats et les souris

Vous vous étonnerez peut-être de voir un paragraphe consacré à ces rôdeurs indésirables, mais l'éleveur ne prend jamais trop de précautions à ce sujet. Les souris sont partout et il est illusoire de penser les éliminer totalement. Elles grignotent l'isolation, consomment des grains et véhiculent des microbes pathogènes comme les salmonelles. Les rats, plus dangereux, s'attaquent aux œufs et aux pigeonneaux et ruinent un élevage en quelques mois. Empêchez-les d'entrer avec grillage et ciment. Placez régulièrement autour du pigeonnier, des produits anticoagulants, en changeant souvent de marque et de présentation. La moindre ouverture sera très vite repérée et utilisée. Méfiez-vous des souricides à base de crimidine ou de glucochloral. Ces produits sont toxiques pour

Les rats sont des rongeurs intelligents souvent organisés en société : pour voler les œufs des pigeons sans les casser, ils arrivent à deux, l'un prend l'œuf dans ses pattes en se couchant sur le dos et son compagnon le remorque ainsi par la queue jusqu'au dehors. Devant les appâts empoisonnés, ils envoient un éclaireur qui les consomme : d'où le succès des anticoagulants qui n'agissent qu'au bout de quelques jours.

les pigeons et les souris transportent souvent les grains empoisonnés ; les accidents sont plus fréquents qu'on ne le pense.

■ *Les rats sont des pilleurs de nids. Ils s'attaquent aussi bien aux œufs qu'aux pigeonneaux.*

L'hygiène du pigeonnier

Voici un facteur essentiel de prévention des maladies. Le respect de quelques règles simples limite toujours les problèmes ou permet de les résoudre avec le minimum de dégâts. La répétition d'accidents sanitaires est toujours le signe d'une erreur de conception ou de fonctionnement de l'élevage. Rappelons les principes essentiels :

- ne surchargez jamais un pigeonnier, les risques augmentent avec la densité ;
- aérez toujours pour permettre un renouvellement de l'air, même en hiver ;
- éliminez toute humidité stagnante ;
- protégez les aliments et la boisson contre les déjections ;
- équilibrez l'alimentation, elle doit toujours comprendre des minéraux ;
- donnez de l'eau de boisson potable propre et en quantité suffisante.

■ *Page ci-contre : le pigeonnier doit être régulièrement nettoyé : ici, à la flamme d'une lampe à souder.*

Les nettoyages minutieux sont moins importants qu'on ne le pense. Des fientes sèches n'ont jamais présenté le moindre risque. Les désinfections qui se font en présence des animaux sont souvent illusoires. La meilleure solution consiste à épandre dans la litière, un peu de superphosphate de chaux tous les mois.

Le pigeon et ses utilisations

Comme nous l'avons déjà indiqué, le pigeon trouvera de nombreuses utilisations, qui seront toutes guidées par la connaissance des caractéristiques des différentes races. Si vous appréciez la beauté, les formes et les couleurs des pigeons d'ornement, vous pourrez, avec un peu d'expérience, réaliser des croisements vous-même (il est souvent utile d'adhérer à un club spécialisé afin d'y trouver les compléments et les renseignements nécessaires).

Si au contraire vous avez choisi le pigeon de rapport, il vous faudra respecter un certain nombre de règles relatives à l'organisation de l'élevage, à son entretien et à sa commercialisation. Mais cela serait le sujet d'un autre livre...

Le pigeon d'agrément et de fantaisie

Les formes et les couleurs des pigeons sont variées et constituent un enchantement pour les yeux. L'élevage des pigeons de fantaisie constitue l'un des meilleurs délassements dans l'ambiance survoltée de la vie moderne. Vous pouvez alors combiner l'esthétique et le rationnel, et aménager le pigeonnier dans un style à la fois fonctionnel et original s'accordant avec celui de la résidence. Pour vous procurer des pigeons de fantaisie, le mieux est de fréquenter les expositions. Vous apprendrez à connaître les différentes races, les beaux sujets, les bons éleveurs et ainsi faire votre choix. Des revues ou bulletins donnent, outre les lieux et dates de ces manifestations, les standards des pigeons et des adresses utiles.

Quelques principes simples de génétique et un peu d'expérience vous permettront de réaliser des croisements et d'obtenir, puis de fixer, des nouvelles formes ou couleurs. C'est là une distraction créatrice et passionnante. Il existe, pour chaque grande race, des clubs réunissant les amateurs de chaque catégorie ; une quinzaine de ces associations existe actuellement et les revues spécialisées donnent leurs coordonnées.

■ *Toilettage d'un pigeon en vue d'une exposition. Les plumes blanches doivent être ici épilées sur ce Tête Noire de Brive, pour conformité au standard.*

Les adeptes des pigeons de sport trouveront facilement un groupe d'éleveurs au sein duquel ils développeront leur passe-temps favori. Des entraînements et concours de pigeons voyageurs ont lieu régulièrement et les amateurs de Culbutants et de Hauts-Volants peuvent adhérer à un club spécialisé dans cette discipline.

Le pigeon de rapport

Vous pouvez aussi vous intéresser au pigeon pour sa productivité, soit pour agrémenter les menus de la table familiale, soit pour en tirer un revenu, principal ou complémentaire. Les installations deviendront fonctionnelles, tenant compte du facteur financier alors primordial. Bornons-nous ici à rappeler les principes essentiels.

Il existe des races spécialisées dans la production du pigeonneau de consommation. Elles ont été sélectionnées pour leur ponte, leur vitesse de croissance et leur conformation. Importées des États-Unis où cet élevage est très développé, elles sont sur le marché français chez des éleveurs spécialisés.

Les plus connues sont le King Blanc type production, très prolifique et donnant un pigeonneau de 350 à 380 g prêt à cuire ; les races autosexables, King autosexable et Texan, d'un format plus étoffé où les jeunes atteignent 400 à 450 g effilés, Carneau Blanc et tous les hybrides en général très prolifiques et adaptés à la production de rapport. Citons le croisement Texan x King autosexable, King Blanc x Mondain Suisse, Texan x Homer... Dans cette catégorie, l'accent a été mis uniquement sur les facteurs de productivité et

il existe en France un très bon débouché pour ce type de pigeonneau. On compte environ 4 à 500 élevages dépassant 500 couples et atteignant parfois 4 à 5 000 couples. A titre indicatif, une personne y travaillant à plein temps peut conduire seule un élevage de 1 000 à 1 200 couples en production. Les pigeonneaux peuvent être vendus vivants à des volaillers qui les abattront et les commercialiseront sur leur circuit de distribution. Ils peuvent être conditionnés directement par l'éleveur, qui se chargera lui-même de leur vente.

■ *Mangeoire avec coquilles d'huîtres pilées, indispensables à la formation des œufs.*

Chez les pigeons, comme chez tous les autres oiseaux, il existe environ 0,5 % de femelles stériles, qui n'ovulent pas, donc ne pondent jamais. On peut considérer qu'une femelle qui n'a pas pondu à 10 ou 11 mois est à éliminer en tant que reproductrice. Ce type de stérilité est plus rare chez les mâles mais existe aussi. On trouve parfois des cas d'incompatibilité d'humeur et il suffit de réaccoupler chacun des partenaires avec un autre conjoint pour que tout aille bien.

La conduite d'un élevage de ce type demande une bonne expérience et impose un certain nombre de règles. Il faut éliminer les couples improductifs qui coûtent cher et ne rapportent rien. Un système simple de notation de la production permet un contrôle facile des performances. Réduisez aussi au minimum les pertes de jeunes résultant des batailles qu'ils se

livrent entre eux, ou de l'attaque de parasites ou de maladies. Les facteurs sanitaires ont ici une importance primordiale. Prévoyez un approvisionnement régulier en grains de bonne qualité à des prix compétitifs. Les éleveurs sérieux qui ont choisi ce mode d'exploitation en vivent convenablement sans problème de débouchés. Mais ils en acceptent les servitudes d'une présence permanente qu'impose ce type d'élevage. la réussite dépend beaucoup des qualités d'observation de l'éleveur. C'est pourquoi les élevages de pigeons de consommation sont restés, en général, relativement modestes. 1 000 à 2 000 couples seront contrôlés par un ménage avec une main-d'œuvre occasionnelle pour l'abattage. A quelques exceptions près, dont le rendement et le bénéfice par couple diminue d'ailleurs sensiblement quand le cheptel augmente, cet élevage reste donc avant tout familial et artisanal. Cela contribue à limiter son développement et à garantir des débouchés constants sur un marché loin d'être saturé.

■ *L'élevage du pigeon impose certaines contraintes... mais procure tant de plaisir !*

Depuis quelques années, des éleveurs ont importé une nouvelle race américaine : le Hubbel. Ses jeunes pigeonneaux ont une caractéristique très intéressante : les muscles pectoraux sont hypertrophiés au point de masquer complètement le bréchet. La proportion de viande noble est ainsi très accrue et la présentation remarquable. Cette caractéristique est héréditaire, mais incomplètement dominante : on peut donc la transférer sur d'autres races, mais au prix de quelques générations de sélection.

Annexes

Le pigeon et la gastronomie

Il est évidemment impossible de passer sous silence les qualités nutritives et gustatives de la chair du pigeon. Les plus fins gastronomes lui ont donné ses lettres de noblesse, et vous apprécierez, après eux, des plats particulièrement raffinés.
Mais avant de vous lancer dans la réalisation des recettes dont vous trouverez une sélection dans ce chapitre, il vous faudra vous familiariser avec des techniques telles que l'abattage, le sacrifice, la plumaison et l'effilage.
C'est alors que vos succès d'élevage seront couronnés par la réalisation de pigeons au sang, de pigeonneaux farcis, de pâtés, de terrines, etc.

Il semble difficile de passer sous silence cet aspect particulier de l'utilisation du pigeon. C'est le débouché naturel des élevages de rapport et la France possède de solides traditions gastronomiques dans lesquelles le pigeon tient une place de choix : ni volaille ni gibier, sa saveur particulière, liée à une alimentation naturelle aux grains, lui confère un rang privilégié dans les menus comme dans l'esprit du consommateur. Examinons les différentes étapes qui conduisent les pigeonneaux du nid à la table.

L'abattage

Le pigeonneau quitte le nid à 28 jours environ. Voici un critère très simple pour reconnaître son âge : le dessous de l'aile n'est complètement garni de plumes qu'à quatre semaines. C'est à cet âge qu'il est en général prélevé pour être sacrifié. Sa chair est extrêmement tendre et il atteint son poids maximal. L'exercice qu'il prendrait en sortant du nid lui ferait perdre très vite 50 à 60 g qui ne seraient récupérés qu'en 3 ou 4 semaines. D'autre part, l'abattage à un âge plus avancé, qui donne une viande plus ferme et plus savoureuse, aurait pour effet d'augmenter trop fortement la densité d'oiseaux dans les parquets, et de conduire à des risques sanitaires importants.

Le sacrifice. La façon la plus courante de sacrifier le pigeonneau consiste à le saigner. Il existe pour cela une pince spéciale qui tue instantanément et coupe les artères cérébrales en amenant un saignement immédiat. Il est pratique de disposer d'une batterie de saignoirs qui sont des cônes renversés dans lesquels on place les pigeonneaux, la tête en bas pour les laisser égoutter pendant une à deux minutes.

La plumaison. L'opération suivante, la plumaison, s'effectue à la main pour un élevage familial, mais il existe des plumeuses dites à disques, dans lesquelles les plumes sont pincées et arrachées par une batterie de petits disques parallèles tournant à grande vitesse.

A quatre semaines, il n'y a pratiquement pas de sicots, ces tuyaux contenant les plumes et qui sont plus difficiles à arracher. Mais vous pouvez tremper les pigeonneaux dans une cire spéciale. En se refroidissant, elle forme une sorte de gangue que l'on décortique et qui arrache du même coup les plumes oubliées et les filoplumes (sortes de poils particuliers au pigeon).

L'effilage. C'est l'enlèvement des intestins. Il se pratique facilement. Introduisez le petit doigts dans l'anus en le repliant pour accrocher une anse intestinale. Retirez alors, en les dévidant, tous les intestins sans les rompre et sectionnez au ras du gésier et du cloaque. Il ne reste alors que le foie, sans le fiel chez les pigeons, le gésier et le jabot vide, si vous avez pris la précaution de laisser jeûner le pigeonneau douze heures avant l'abattage. Vous pouvez pratiquer l'éviscération totale et enlever tout le contenu. Ce mode de présentation sera imposé par la législation dans les prochaines années. Le pigeonneau, une fois plumé et vidé, doit être refroidi rapidement et tout élevage doit posséder une chambre froide à + 5 °C.

Pour vider un pigeonneau dont le jabot est rempli de graines au moment du sacrifice, il suffit de lui introduire dans le bec l'embout d'un robinet d'eau et de laisser ainsi remplir au maximum le jabot : en renversant l'oiseau et en pressant sur cette poche, l'eau entraîne tous les grains ; on répétera deux fois l'opération si nécessaire.

Le pigeonneau sera installé et conditionné en lui pliant pattes et ailes pour faire saillir les muscles pectoraux (pour sa présentation).

Les recettes

La saveur particulière et la qualité exceptionnelle de la viande de pigeonneau justifient de la présenter sur la table avec tous les honneurs : sauces et garnitures propres à le faire apprécier. C'est une viande riche et tout pigeonneau dépassant 400 g constitue deux portions très appréciables. Il est recommandé de cuire les pigeonneaux à feu doux, au four ou en autocuiseur. Vous pouvez le barder de lard entrelardé mais il est en général suffisamment gras pour s'en passer. Comptez 30 à 40 minutes de cuisson selon la grosseur. Certains cuisiniers farcissent leurs pigeonneaux en remplissant l'intérieur de persil, céleri branche, feuilles de vigne... pour les parfumer. Les garnitures sont variées : petits pois, champignons, tomates sautées, olives, pommes noisette ou dauphine... Voici quelques recettes classiques, mais, dans ce domaine, l'imagination peut varier les préparations à l'infini.

Les pigeonneaux

Pigeons au sang. Recueillez le sang au moment du sacrifice. Additionnez-le aussitôt d'un peu de vinaigre. Coupez les pigeonneaux en deux et faites-les dorer en cocotte avec lardons et petits oignons. Mouillez avec 1/4 de litre de bon vin rouge. Ajoutez thym, laurier. Laissez cuire 1/2 heure et, avant de servir, liez la sauce avec le sang. Vous aurez préparé des croûtons frits avec lesquels seront servies les moitiés de pigeonneaux nappées avec la sauce.

Pigeonneaux farcis. Fendez les pigeonneaux sur le dos et désossez-les aussi complètement que possible. Salez, poivrez et remplissez l'intérieur d'une farce de chair à saucisse, oignons rissolés, champignons hachés, un jaune d'œuf et un verre de cognac ou d'armagnac. Faites cuire en cocotte 40 minutes à feu doux, en ajoutant au bout de 20 minutes un verre de vin blanc sec. Servez avec une garniture de pommes paille.

Pigeonneaux à la diable. Fendez les pigeonneaux par le milieu et désossez-les au maximum. Enduisez-les de beurre ou de margarine. Faites-les revenir en cocotte, badigeonnez ensuite de moutarde et passez dans la chapelure. Terminez la cuisson et servez avec le jus.

Pigeons aux petits pois. C'est la plus classique et l'une des meilleures recettes. Elle nécessite, par personne, 300 g de petits pois, 1/2 pigeon, 50 g de lard entrelardé. Procédez de la manière suivante : faites roussir du beurre dans une cocotte en y incorporant le lard coupé en cubes et les pigeonneaux entiers. Faites bien dorer puis ajoutez un bon verre d'eau et les petits pois avec leur jus. Salez, poivrez, puis couvrez et laissez cuire environ 40 minutes.

Les vieux pigeons

Les pigeons de réforme, souvent âgés de 4 à 5 ans, ont une valeur marchande très faible et sont pourtant excellents quand on sait les accommoder. Voici quelques façons d'en tirer le meilleur parti.

Pigeons rôtis. Faites cuir les vieux pigeons comme au pot-au-feu avec légumes d'accompagnement : carottes, poireaux, un navet... pendant 2 à 3 heures ou 1 heure en autocuiseur. Retirez les pigeons, égouttez-les et faites-les rôtir alors comme des pigeonneaux, au four ou en autocuiseur.

Consommé de pigeons. Vous conservez soigneusement le bouillon de la cuisson précédente. Passez-le et servez chaud ou glacé suivant la saison. Sa saveur est exceptionnelle.

Pigeons en gelée. Une fois cuits en pot-au-feu, levez les filets et toutes les parties charnues et accommodez-les en gelée. C'est un plat toujours apprécié en entrée.

Pâtés et terrines. Les vieux pigeons se prêtent parfaitement à la confection de terrines ou pâtés, après avoir mariné 48 heures. La marinade, au cognac ou à l'armagnac, est incorporée à la farce.

EXPOSITION NATIONALE
D'AVICULTURE
ORLEANS
G.P.E.

Adresses utiles

Revues

Colombiculture. Secrétaire général : M. Claude Simon, 84, rue Aristide-Briand, 90000 Offemont.

Associations

Club des Amis du Mondain. M. Louis Augier, 35, rue de Strasbourg, 87100 Limoges.
Modène Club Français, 50, avenue de l'Est, 94100 Saint-Maur.
Club Français du Montauban. M. Alamargot Élie, Maurepas, 03410 Domérat.
Club du Boulant de Norwich. M. Mosconi Williams, 3, route de Paris, Bazainville, 78550 Houdan.
Oriental-Club de France, 10, rue de Cronstadt, 65000 Tarbes.
Fantail Club Français et Queue de Paon Club Français, 38, rue Biron, 24000 Périgueux.
Romain Club Français. M. Charles Quiros, 25, rue des Tuileries, 67800 Hœnheim.
Roubaisien Club Français, 74, rue Albert-Thomas, 59100 Roubaix.
Sottobanca Club Français, 37, rue Joseph-Marignac, Saint-Martin-du-Touch, 31300 Toulouse.
Strasser Club Français. M. J.-M. Ramoleux, 3, rue des Fleurs, 62500 Saint-Martin-au-Laert.
Club Français du Bagadais. M. Favier Bernard, 28, rue des Faisans, 38230 Vilette-d'Authon.
Club du Boulant Français, 2, boulevard de Verdun, 59220 Denain. Tél. : (16) 20.44.00.91.
Club Français du Bouvreuil. M. Jean Passérieux, École de garçons, 77820 Châtelet-en-Brie.
Club du Pigeon Capucin Structuré. M. Bernard Wilczinski, 7, rue Wilson, 59790 Ronchin.
Carneau Club Français, 19, rue du Moulin, Abbécourt, 02300 Chauny.
Club Français du Cauchois. M. Gérard Longein, 8, rue Gustave-Charpentier, 94240 L'Hay-les-Roses.
Club Français de Pigeons Culbutants et Hauts-Volants, 24, rue des Pommes, 67200 Eckbolsheim.
Club Français du Pigeon Huppé de Soultz. Siège social : 17, route de Wintershouse, 67500 Hagueneau.
Club Français du Lynx de Pologne. M. Jean-Pierre Gau, 72 *ter*, chemin des Capelles, 31300 Toulouse.
Club Français du Boulant Lillois, 23, rue Gosselet, 59000 Lille.
Amis du Damascène et du Pigeon d'origine orientale, 33, rue Mélanie, 67000 Strasbourg.
Texan-Club de France, 13, rue André-Hodebourg, 78470 Cressely.
Club Français du King et du Show-Racer. M. Salsac, 7, rue des Jacobins, 32100 Condom.
Club des Pigeons Frisés, quartier "Les Vignarets", 83137 Sainte-Anastasie-sur-Issole.

Matériels

Établissements Bayle, 42480 La Fouillouse.
Union Franco-Suisse, 27120 Pacy-sur-Eure.

Condiments minéraux

S.I.R.E.N.A., 22800 Quintin.
NUTRAL, 6, rue de Versailles, 78720 Dampierre.

Laboratoires

Laboratoires de la Direction des Services Vétérinaires de chaque département *(analyses bactériologiques).*
Laboratoire Roger Bellon, 159, avenue du Roule, 92200 Neuilly-sur-Seine *(comprimés vermifuges Aviverm).*
Laboratoire Elanco, 203, rue du Haut-de-la-Colline, 92210 Saint-Cloud *(Tylosine).*
Cabinet Vétérinaire de la Chesnaie, 37250 Montbazon *(analyses parasitologiques et bactériologiques, autovaccins, A11, Ampicilline, N.P.8, complexes vitaminiques).*
Laboratoire Lebrun, 37, boulevard Anatole-France, 93300 Aubervilliers *(Spartrix).*
Laboratoire Specia, 21, rue Jean-Goujon, 75008 Paris *(Emtryl 40 %, poudre vermifuge Paglisol).*

Bibliographie

Hugues ARTÈSE, *Colombiculture pratique,* Édition Hugues Artèse, 1985.
Pierre CORCELLE, *Le Pigeon de rapport,* Institut technique de l'aviculture, 28, rue du Rocher, 75008 Paris, 4e édition, 1987.
Bernard LARDEUX, *Les Techniques d'élevage du pigeon de chair,* chez l'auteur, Le Chalet, 53400 Athée, 1989.
Benoît ROGER, *Élevage du pigeon de chair,* Édition du Point vétérinaire, 1983.

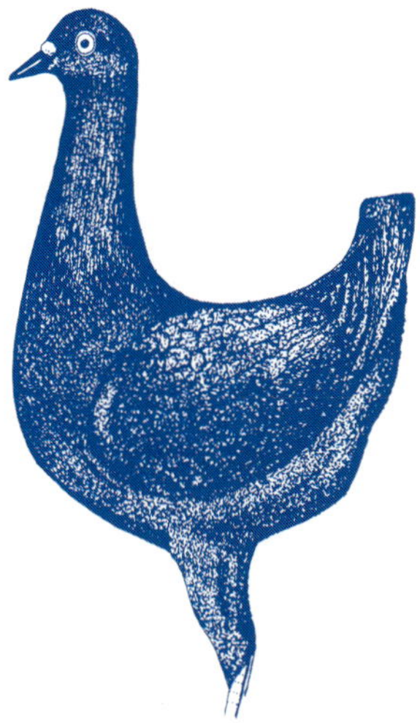

Index

Crédits photos et dessins

Couverture : Christian Hochet / Rustica
C. Hochet / Rustica : 4, 9, 10, 12, 15, 16, 19, 20, 21, 22, 23, 24, 25, 27, 28, 29, 30, 31, 33, 34, 36, 37, 38, 39b, 40, 41, 42, 43, 44hd et b, 47, 49, 54, 55, 56, 60, 63h, 71, 72b, 85, 90, 95, 108, 112, 117.
B. Rebouleau : 18, 32, 35, 39h, 44hg, 46, 48, 50, 57, 58, 59, 61, 63b, 64, 65, 66, 68, 69, 72h, 73, 74, 75, 76, 77, 80, 83, 87, 88, 89, 93, 94, 97, 99, 101, 102, 103, 104, 105, 106, 109, 110, 111.
Dessins : J. Chodakowsky : 52, 75, 116 ; **M. Marin :** 78.

Maquette : Paul-Raymond Cohen
Photocomposition et photogravure : ID, Paris

Reliure : SIRC
Imprimé en France par
I.M.E. - 25110 Baume-les-Dames
Dépôt légal : Avril 1995
N° imprimeur : 9906